すぐに役立つ　｜　最新

これだけは知っておきたい！

介護保険施設・有料老人ホーム・高齢者向け住宅 選び方と法律問題

行政書士
若林 美佳［監修］

三修社

はじめに

　人は、年齢を重ねるにつれて、徐々に健康状態が悪化したり、身の回りのことができなくなったりと、さまざまな問題が生じてきます。

　家族が面倒を見てくれるのであればよいのですが、核家族化が進んだ今日では高齢者だけの世帯や高齢者の1人暮らし世帯が増えており、家族を頼ることが難しい状況にある高齢者も多いでしょう。

　日常生活を送る上で不安があるようであれば、老人ホームや介護関係の施設など、新しい住まいへの転居も検討しなければなりません。

　「高齢者のための住まい」にも、いろいろな選択肢があります。中でも、一番ポピュラーなのが、「老人ホーム」です。ただ、老人ホームをひとつとっても、千差万別で、特別養護老人ホームと有料老人ホームでは大きく異なります。比較的費用の安い特別養護老人ホームは、空きがあるとも限らないため必ず入居できるとは限りません。「介護が必要な場合」と「そうでない場合」で入居する施設も異なります。そこで、さまざまな施設の特徴や入居条件、問題点を知り、後から困らない程度の知識をつけておく必要があるわけです。

　本書では、特にニーズの高い有料老人ホームを中心に、特別養護老人ホーム、介護老人保健施設、有料老人ホーム、ケアハウス、グループホーム、サービス付き高齢者向け住宅などのさまざまな形の「高齢者の住まい」をとりあげ、施設選びのポイントを解説しました。特養の入居基準や生活、有料老人ホームについては、選ぶ際のチェックポイント、契約書、重要事項説明書の読み方、入居後の問題点など、情報や知識を1冊に集約しました。その他知っておくべき介護保険制度や成年後見制度などの関連知識も解説しました。令和6年に予定されている介護保険の改正など最新の制度にも対応しています。

　本書をご活用いただき、高齢者ご本人やご家族の方々の施設や高齢者向け住宅選びの一助にしていただければ幸いです。

監修者　行政書士　若林　美佳

Contents

第4章 有料老人ホームの選び方とチェックポイント

第1章

施設選びをする前に

1 在宅介護と施設介護のどちらを選択するか

ある程度の経済力がないと施設介護への入所は難しい

■ どのタイミングで決断すればよいか

　実際に親が一人で生活することが困難になった場合、在宅介護と施設介護、どちらの方法を選択するかは、親にとっても家族にとっても非常に重要な決断となります。目先の事象にとらわれて安易に答えを出すと、誤った選択をしてしまう可能性があるので、検討は慎重に、親や家族の意見を聞きながら行わなければなりません。

　在宅介護か施設介護かの決断を行うタイミングには、主に2種類のターニングポイントがあります。一つは、両親のうち片方が亡くなった場合などです。これまでは両親が助け合って生活していたとしても、一人になった場合に、高齢化した親が炊事・洗濯などを行ったり、日用品の買い出しに出かける行為が続けられるかを考えることになるでしょう。親自身の意思もあるため、話し合った上でしばらく様子を見るか、定期的に訪問するか、ヘルパーに依頼するか、そして、同居して在宅介護を行うか、施設への入所を考えるかなどの選択肢が出てきます。

　もう一つのターニングポイントは、同居して在宅介護を選択した際に不都合が生じた場合などです。親と子が互いに支え合って生活するはずが、仕事の都合が合わない場合やバリアフリーへの改装が必要になった場合、常時介護を要するため家族の負担が増した場合などに、介護事業者の助けを借りながら在宅介護を続けるか、施設への入所を検討するかを考えることになります。

■ 総合的な経済力を把握し、不足した場合の方法を考える

施設へ入所する場合は一時金や月額費用、そしてオムツなどの日用品のためにある程度の費用を用意しておかなければなりません。

子自身の給料や貯金から費用負担ができれば問題はないかもしれませんが、現在は親の面倒まで見る余裕のない経済状態の家庭が多くあります。そのような場合に選択肢を狭めないためには、親自身の経済力を把握しておくことが重要です。

現時点で親と別居している場合などは、連絡を密に取り、健康状態に加え経済状態も見ておく必要があります。月々の年金額や預貯金、土地や家などはどうなっているのかを把握し、施設介護への入所が可能かを検討していきます。

自分自身、そして親自身の経済力では施設介護が難しい場合もありますので、兄弟姉妹など相談できる親族がいる場合には費用負担面でも協力し合うことが重要です。また、土地や建物を持っ

● 在宅介護・施設介護の判断のポイント

決断のタイミング
　①両親のうち片方が亡くなった場合
　②同居在宅介護を選択した際に不都合が生じた場合

総合的な経済力の把握
　①子の経済力（給料・預貯金など）
　②親の経済力（月々の年金額や預貯金、土地や家など）

施設介護
・一時金・月額利用料の調査
・低価格の公的施設は介護の
　度合いによっては入所が困難
・親の健康状態に沿った施設で
　検討を行う

在宅介護
・比較的安価に抑えられる
・介護保険サービスを利用
（介護認定度合いに応じて自己
　負担限度額が異なる）

ている場合には、抵当権を設定して介護に必要な資金を借り入れる、リバースモーゲージ（自宅を所有しているが、収入が少ないという高齢者が、自宅を担保にして金融機関から老後資金を借り、一括または年金の形で受け取るしくみ）を活用する、といった手段も検討します。

■ お金がないと施設には入れない

施設介護を検討する場合、どの介護施設にどの程度の費用がかかるのかを調べておくことが必須となります。施設によっては入所時の一時金がかかる場合とかからない場合があり、月額費用にもかなりの幅があります。費用を低額で抑えることができる施設といえば、何といっても公的な施設である介護施設です。もっとも低額とされるのが特別養護老人ホームですが、希望者が多いため親が重度の要介護者でない場合は入所が困難な可能性があります。

一方、民間の施設である有料老人ホームやシルバーハウジングは、公的施設よりは高額となるものの比較的お値打ちな価格で利用することができます。親の健康状態に沿った施設をピックアップし、費用も踏まえて検討していく必要があります。

■ 親の年齢にもよるが経済的には在宅介護の方がよい

在宅介護・施設介護のいずれにしても、ある程度の費用がかかることは事実です。しかし、経済的な負担を考えると、比較的安価に抑えることができるのは在宅介護を選択する方法です。

在宅介護を検討する場合は、介護保険のサービスを利用する方法が不可欠です。まずは親の介護度の認定を受け、その上で認定を受けた要介護度に応じた月々の上限額内で介護保険にまつわるサービスを受けることができます。なお、サービスを利用した場合の自己負担割合は1割から3割です。

たとえば1割負担の場合は、通常所得の家庭で要介護3の認定を受けた親を介護する場合は、利用限度額が270,480円となるため、自己負担割合はその1割である27,048円です。この利用限度額を超える介護サービスを受けた場合は、その全額を自身で負担しなければなりません。月額費用が30万円かかる介護施設が存在することから考えても、在宅介護を選ぶ方が経済的な負担を抑えることができるといえるでしょう。

在宅介護の問題

住み慣れた家で生活することで安心感を得られることから、在宅で親を介護するケースも多くあります。

在宅介護を身内だけで行うことが大変となる場合に備え、介護保険制度を利用し、介護サービスを積極的に活用するのも一つの方法です。さらに、ケアマネジャー（介護支援専門員）のアドバイスを受け、訪問看護師などの専門家から、必要な知識と技術を教えてもらうことは、在宅介護をする上でとても大切なことです。

どんな体制で在宅介護をすればよいのか

実際に親を在宅介護する場合は、関係者全員で連携を組むことが重要になります。特定の人間に負担がかかりすぎないよう、離れて暮らす家族にも交代での介護を依頼する方法や、経済的な援助を求めるなどのサポートを求めます。

また、在宅介護をスムーズに行うには、介護者の中で中心となる人物をあらかじめ決めておく方法も有効です。この人物は、かかりつけの医療機関や介護機関との連携や家族間での意見収集、介護業務の指示や連携などを行い、在宅介護をとりまとめていきます。さらに、家族以外の協力者を求めることも効果的です。介護職に携わる知人や近所の人、ためこんだ気持ちを吐き出せる友

人などの存在は、在宅介護を行うにあたり必ず大きな力となるでしょう。

活用できる各種手当

在宅介護を行う際には、できるだけ多くの助成制度や各種手当の制度に関して情報収集をするようにしましょう。活用できる手当としては、たとえば親に精神または身体的に著しい障害があり、日常生活で常時、特別の介護が必要になる場合に、特別障害者手当（月額2万7980円）などがあります。

また、低所得世帯や要介護の高齢者のいる世帯の場合は、市区町村の社会福祉協議会が窓口になっている生活福祉資金の貸付を利用することができます。生活再建までの間に必要な生活費用である生活支援費、敷金、礼金などの住宅の賃貸借契約を結ぶために必要な費用である住宅入居費、その他にも就学支援費や就職支度費といったさまざまな資金を借りることができます。

この他に、各自治体が独自に「在宅高齢者介護手当」「ねたきり高齢者介護手当」などを設定して、経済支援を行っている場合もあります。支給を受けられる条件は自治体によって異なるため、居住する地域の自治体窓口に確認する方法が有効です。

なお、親を介護しながら働く子の就業条件については、育児・介護休業法で、介護休業や勤務時間の短縮など制度が定められているので、仕事と介護の両立ができるような日程を組んだ上で事業主に相談してみるとよいでしょう。介護休業は、最大93日間まで3回に分けで取得することができます。また、介護休暇（対象家族1人につき年5日）は、1日または半日単位だけでなく、時間単位で取得することが令和3年1月から可能になりました。

② どんな施設や住まいがあるのか

要介護者のみが利用できる3種類の介護保険施設がある

■ 高齢者の住まいにもさまざまな種類がある

　高齢になってくると、「わずかな段差でつまずく」「重いものが持てない」「掃除や料理などの日常的な作業が辛くておっくうになる」などとの状態に陥ることがあります。また、高齢者をねらう悪質な業者もおり、住みなれた場所で安全な日常生活を送ることが困難になるケースも少なくありません。そして、高齢者人口の増加に伴い、さまざまな種類の高齢者向けの施設・住宅が数多く建てられています。

　ただ、「高齢者向け」といっても、どこも同じ内容ではありません。親に介護施設や高齢者向け住居に入ってもらうことを検討する必要が生じた際には、まずその種類や特徴、入居条件などを知っておくことが非常に大切です。

■ 老人ホームの分類

　老人ホームとは、身体・精神上の障害がある場合や、家庭環境・経済上の理由で居宅での生活が困難な場合などに高齢者を入所させ、世話をする施設の総称です。

　老人ホームは、公的な施設と民間で運営する施設に分類されます。公的な施設には、介護施設や養護施設があります。国の医療介護制度である介護保険や老人福祉制度によって運営がなされているため、比較的少ない自己負担で利用することができます。

　民間で運営する施設には有料老人ホームが挙げられますが、運営の主体はそれぞれ民間の団体となるため、施設によって提供す

るサービス内容が異なります。また、費用も公的な施設に比べて割高なケースが多く見られます。

介護保険施設とは

　介護保険施設とは、在宅で介護を受けることができない状態（常時介護を要する場合・機能訓練などを受ける必要がある場合）の人がサービスを受けることができる施設です。サービスを利用する場合、利用者の状況や環境を考慮した上で、適切な施設を選ぶ必要があります。ただし、利用可能となるのは要介護者のみで、要支援者は利用できません。

　介護保険施設には、特別養護老人ホームや介護老人保健施設、介護医療院が挙げられます。

　特別養護老人ホームは「とくよう」ともいい、主に重度の介護を要する高齢者が入所します。

　介護老人保健施設は「ろうけん」とも呼ばれ、要介護状態で在宅での居住をめざしたリハビリを中心に行う施設です。

　また、介護医療院は、長期的な医療サービスを受けながら、日常生活上の介護、看取りやターミナルケアまでを受けることができる施設です。

養護施設とは

　養護施設とは、生活に不安を抱えている高齢者が入所する施設で、軽費老人ホーム、養護老人ホームがあります。軽費老人ホームには、食事付であるA型、食事なしのB型、さらにケアハウスとも呼ばれるC型があります。

　ケアハウスは個室に対応しており、車いすを使う高齢者も入所することができる施設です。軽費老人ホームは、所得に応じて無料や低額で食事や日常生活上の援助を受けることができます。

また、養護老人ホームは自宅での生活が難しい高齢者を養護（たとえば、虐待を受けている等の理由で保護が必要となること）する施設です。

■有料老人ホームとは

有料老人ホームには、健康型、住宅型、介護型などの種類があります。

健康型とは主に介護の必要のない高齢者が入所する施設で、介護を要することになった場合は退去しなければならないケースが

● 施設サービスの種類とサービスの内容

	介護老人福祉施設 (特別養護老人ホーム)	介護老人保健施設	介護医療院
役割	生活施設	在宅復帰をめざす施設	長期療養と生活施設
対象者	・原則、要介護3以上（例外的に、要介護1、2でも入所可能） ・在宅での生活が難しい方	・要介護1以上 ・入院療養までは必要ないが、在宅復帰に向けたリハビリや介護・看護が必要な方	・要介護1以上 ・症状が安定しているが、長期療養が必要な方
サービス内容	・日常生活上の介護 ・機能訓練 ・健康管理 ・相談援助 ・レクリエーションなど	・リハビリテーション ・医療的ケア、看護 ・日常生活上の介護 ・相談援助 ・レクリエーションなど	・療養上の管理、看護 ・日常生活上の介護 ・機能訓練 ・ターミナルケア
特徴	・常時介護を受けることに重点を置いている ・医師は非常勤（嘱託医）	・医療的な管理下での介護サービスの提供に重点を置いている ・医師は常勤（昼間）	・長期療養やターミナルケアも行う ・医師は常勤（昼間・夜間） ・看護師配置も手厚い

あります。住宅型とは必要に応じた介護サービスを選ぶことができる入居施設のことです。住宅型によっては、介護支援を併設している場合や外部へ介護サービスを委託する場合など、提供の方法はさまざまです。

　一方、介護型は介護保険の対象となる介護サービスを受けることができる「特定施設入居者生活介護」（103ページ）の指定を受けた施設のことです。

高齢者向けの住宅にはどんなものがあるのか

　特別養護老人ホームなどの介護施設や有料老人ホーム以外にも、高齢者の入居を想定したさまざまな住宅があります。サービス付き高齢者向け住宅、シルバーハウジング、グループリビング（グループハウス）などがその例です。

　サービス付き高齢者向け住宅とは、状況把握や生活相談を通じて高齢者を支援するサービスの提供が行われる住宅で、比較的程度の軽い介護者や自立することができる高齢者の受入れを行っています。

　また、シルバーハウジングとは、高齢者向けにバリアフリー設備を設けている公営の住宅のことで、ライフサポートアドバイザーによる生活相談を受けることができるという特徴があります。

　そして、グループリビング（グループハウス）とは、高齢者が自発的に仲間を作って、同じ家でお互いに助け合って生活する暮らし方をいいます。介護が必要となる認知症の高齢者を対象としていない点が、似たような名称であるグループホームとは異なります。グループリビングには、食事の用意や掃除などを分担し、共同による合理的な生活様式を採用して、高齢者の自立を支援する目的があります。

■ 高齢者の住居問題

高齢な親の住居にまつわる問題には、親が今まで住んでいた住居から退居しなければならなくなったとき、民間の賃貸住宅を探しても貸主に敬遠され、次の居住地が見つからないという問題も挙げられます。

貸主が高齢者に貸し渋る背景には、家賃の未払い問題や介護が必要となった場合の対応などの懸念があることが予想されます。また、親自身が高額となる家賃や設備面の不安から家を決められない場合もあります。このような問題に直面した場合、まずは親の生活能力や体力、経済力から総合的に今後の方向性を判断していくことになります。親が自立して生活することに不安を感じる場合は、老人ホームや高齢者向けの住宅などへの入居を検討していきます。

経済的な問題が強い場合は、シルバーハウジングなどの高齢者向け公営住宅なども選択肢に入れるとよいでしょう。

一方、介護が必要となる場合は、状況に応じた介護サービスを受けることができる施設への入所を考えていくことになります。

● 高齢者向けの住宅・施設の種類

住 宅
有料老人ホーム、高齢者ケア対応型マンション、 サービス付き高齢者向け住宅、グループリビング、シニア住宅、 シルバーハウジング、ケア付き高齢者向け住宅

福祉施設（日常生活の場）	福祉施設（医療が充実）
軽費老人ホーム（A型、B型、ケアハウス）、 特別養護老人ホーム、養護老人ホーム、 グループホーム	介護老人保健施設、 介護医療院

私には一人暮らしをしている母がいます。介護度は要介護1です。認知症はありませんが、悪質商法の被害に何度か遭っており、一人暮らしを続けさせることは難しいと感じています。特養は、順番待ちをすれば入れるのでしょうか。

 残念ながら、介護度が要介護1の場合、特養に入所することは難しいでしょう。

　特養は非常に人気が高く、多くの人が入所待ちをしています。また、原則として要介護3〜5の人が入所の対象になっています。要介護1の人は、重度の認知症を患っていたり、虐待を受けていたりするような場合に、例外的に入所することしか認められていません。

　そこで、今回のような場合には、他の施設への入所を検討しなければならないでしょう。有料老人ホームの中には、入所一時金を払う必要がなく、月々の費用も安く設定されている施設も存在しますので、名前だけで決めつけるのではなく、よく調べてみるようにしましょう。また、身の回りのことを自分でできるのであれば、グループリビングやシルバーハウジング、サービス付き高齢者向け住宅などに入居するという方法もあります。

　なお、在宅であっても、ホームヘルパーが訪問して身体介護や生活の援助をしてくれる訪問介護や小規模多機能型居宅介護を利用することで、悪質な商法からの被害を防ぐことができるかもしれません。小規模多機能型居宅介護は、定期的に施設へ通うことを中心として、自宅への訪問を受けることができたり、施設に短期間宿泊することができたりと、サービスを組み合わせて利用できる介護サービスです。このようなサービスを利用することにより、高齢者の生活の様子に気を配ってもらえることが期待できます。こうした方法も検討してみるようにしましょう。

Q 私は80代男性です。先日、妻が亡くなりました。私たちには子どもがいなかったため、夫婦二人で生活してきました。私は日常生活のことは、一人では家の中のことをこなすこともできません。頼れる親族もおらず、身寄りがない状態です。施設に入る場合、一人でも受け入れてくれるところはあるのでしょうか。入所できる年齢に制限はないのでしょうか。

A 施設への入所は、単身者であっても何ら問題ありませんから、その点を心配する必要はありません。ただ、身寄りがないということですので、最期のときまで安心していられる施設を探す必要があるでしょう。施設の中には、病状が悪くなると退去を迫られたり、看取り介護を行っていない施設が多くあります。したがって、なるべく医療サービスとの連携が手厚く、看取り看護も積極的に行っている施設を探す必要があるでしょう。

　もし経済的に余裕があるようでしたら、手厚い介護・医療サービスを提供している有料老人ホームを選択するとよいでしょう。

　また、費用面を抑えたいという場合は、ケアハウスに入所するという方法もあります。ケアハウスでは、食事や洗濯などの生活介護を受けられるので、家事の心配は解消できます。介護付きのケアハウスであれば、介護が必要になったり、認知症を発症した場合にも住み続けることができますので安心です。ただし、介護付きケアハウスは数が少ないため、数年間入所待ちをする可能性もありますので注意が必要です。

　なお、多くの施設は、「65歳以上」というように入所対象者の年齢条件を定めています。下限を定めていることはあっても、「何歳以上は不可」というように上限を定めているということは通常はあり得ません。高齢であったとしても、そのことだけをもって入所を断られることはまずありませんから、安心してください。

3 親族兄弟間の話し合い、意思統一はしっかりとする

本人の意思を尊重しつつ、家族で情報を共有する必要がある

■ 親に判断能力がある場合

　人は誰でも年齢を重ねる過程で、現在と同様の生活の質を維持していくことができるのかを不安に思うことも少なくありません。現在、自宅等で一人暮らしをしている場合や高齢夫婦のみで居住している場合には、このまま自宅等で生活を続けていくのか、または、自力では生活が難しくなってきたために、介護施設に入所するのか否かを選択する必要に迫られることになります。

　しかし、特に高齢の親について、本人に判断能力がある場合には、家族が介護施設等のパンフレットを見せただけで、拒絶反応を示す場合も少なくありません。そこで、本人に十分な判断能力がある場合には、家族が無理強いすることなく、実際に介護施設に入居した場合にそこで暮らしていく本人が、自分にふさわしいと思う介護施設を選ぶことができる状態を確保することが重要になります。家族は、親本人が選択をする上で必要な情報提供等において、高齢である親をサポートする姿勢が大切です。

■ 親に判断能力がない場合はどのタイミングで決めるか

　現在、認知症等の親などの家族を在宅で介護している方々が多くいます。子どもなどの家族が思いやり、親が住み慣れた自宅等での快適な生活を送り、そこで何ら問題が生じていないのであれば、在宅介護は高齢の親等にとって、暮らしやすい生活スタイルのひとつだということができます。

　しかし、徘徊することがあったり、場合によっては、家族に対して

暴力行為に及ぶなど、認知症特有の問題行動が顕著になり、家族の手に負えなくなる場合も少なくありません。また、排せつ・食事が自分ではできなくなったり、高齢のために十分な判断能力を失ってしまう場合もあります。このようなケースでは、子ども等の家族だけで介護を行うことには限界があり、家族の負担が大きくなり過ぎて、場合によっては家族が現在就いている職業を辞めなければならなくなるという、介護辞職の問題も深刻な社会問題になっています。

　このように、本人が十分な判断能力を失ってしまった場合には、介護施設の入居について、家族が本人に代わって判断する必要があります。しかし、介護施設で実際に生活を行うのは、親自身ですので、介護施設を選定するにあたって、ケアマネジャーや介護施設の環境等を考慮して、本人の快適な住環境が維持できる場所であるのかを慎重に見極める必要があります。

■ 兄弟間の話し合い、意思疎通を図る

　親が介護施設に入所することになったときに、特に親が判断能力を失っており、子どもが入所を決定したというケースで、子どもに兄弟姉妹がいる場合には注意が必要です。施設入所前に実際に親の面倒を見ていた兄弟姉妹が、主導権をとって判断を行うことは当然だといえますが、それでも、他の兄弟姉妹に相談もなくすべて独断で決定してしまうと、後に思わぬトラブルに発展する可能性があります。

　親の介護施設に関する兄弟間のトラブルを回避するために、兄弟姉妹で気軽に話せる関係性を作っておく必要があります。入所を検討している介護施設の情報をはじめ、必要な情報を共有していることが重要になります。また、介護施設の入所等には、相応の費用が必要になるため、親の財産状況等が透明化されていることも大切です。

4 入所・入居するとどのぐらいの費用がかかるのか

施設の形態やサービス内容に応じて異なる

■ 施設や高齢者住居の種類の違いによってかかる費用も異なる

　親の介護施設への入所を検討する場合、注視する内容のひとつに、金銭面があります。もちろんお値打ちな施設の方がよいに越したことはありませんが、安いからといってサービス内容が不十分な施設を選択してしまうと、何らかの不都合が生じます。親の年金で賄えるのか、自身が負担するのか、という点においても、費用の面が非常に重要だといえるでしょう。

　実際に施設へ入所もしくは入居した場合の費用には、種類に応じて差があることが現状です。一般的には、公的な施設の方が民間の施設に比べて安価です。介護を必要とする親を施設に預ける場合は、介護の費用負担が軽いとされる特別養護老人ホームや介護老人保健施設などを選択する方法が効果的です。これらは介護保険を活用することができるため費用負担を抑えることができますが、介護老人保健施設は在宅生活を目標とするための施設であるため、入所の期間が定められていることに注意しなければなりません。

　また、認知症を患っている場合は、認知症の高齢者を対象とするグループホームも安価とされていますが、身体状況によっては入所できなくなるケースも生じます。

　一方、民間が運営する有料老人ホームの場合は、公共の施設に比べて月額費用が高額となる場合が多いです。有料老人ホームの種類によって、金額に幅があることが特徴です。そのうち、介護型の場合は、介護サービス費用は要介護度別に一律で設定されて

いるため、介護の必要量が多い場合は比較的費用を抑えることが可能な施設だといえます。住宅型を選択すると介護サービスを外部に委託しなければならないため、介護の必要量が多い場合には高額になることがあります。

　また、介護の必要がない場合は公営のシルバーハウジングなどを選択すると費用を抑えることができますが、所得制限が設けられている場合があるため注意が必要です。一方、民間が運営するシニア対象のマンションは、シルバーハウジングと比較すると高額です。

■ どんな費用がかかるのか

　介護施設を利用する場合にかかる費用は、その施設のタイプに応じてさまざまです。たとえば、公的な施設である介護保険施設やグループホーム、民間施設である介護型有料老人ホームなどは、介護サービスが充実した施設となっています。これらの施設の場合、常駐するスタッフによる介護支援を受けることができるため、利用料は定額で定められている場合が多くあります。介護支援の他、食事や健康管理、生活に関する相談など、介護を必要とする高齢者が必要とする介助を定額で受けることができます。

　ただし、そもそも介護保険が適用されない支援を受けた場合は、定額部分とは別に負担料がかかるため、注意が必要です。

　また、自立した高齢者が入居するケースが多いとされる住宅型の有料老人ホームや特定施設を除いたサービス付きの高齢者向け住宅、ケアハウス、シルバーハウジングなどは、利用する高齢者が必要とするサービスを個々で契約することになります。サービスは主に外部の介護保険事業者から受けることになるため、内容に応じて費用が異なります。

　どの介護施設においてもいえることは、質の高いサービスには

それなりの利用料が生じるということです。また、要介護認定が重くなることに比例して、介護サービスにかかる費用も増加します。介護施設を選択する場合、受けることのできるサービス内容と費用をあわせて検討することが非常に重要となります。

■ 経済的な負担の少ないのは介護保険施設

　介護保険施設は、介護保険が適用される公的な施設であるため、他の施設に比べて安価で利用することができます。そのため、どの介護施設も人気が高く、希望すればすぐに入所できるという状況ではないことが現状です。

　原則としていずれの介護施設についても介護認定を受けていれば（要介護1以上）入所の申込みを行うことが可能ですが、特に申込者が多い特別養護老人ホームなどは、自宅で面倒を見ることが困難な者が入所する施設であることから、要介護3に満たない高齢者が入所することは原則できません。

　一方、介護老人保健施設の場合は自宅での生活を目標とした施設で、機能訓練に特化したスタッフが常駐していることから、特別養護老人ホームに比べて費用が高額となります。入所期間にも定めがあるため、終身で入所し続けることはできません。

　また、介護医療院は長期療養に特化した施設であることから、特別養護老人ホームと比較すると医療費の割合が高くなることが多くあります。

　いずれの保険施設においても、生活するにあたり必要な最低ラインとなる家賃や食費、光熱費、日常生活費、管理費などを月々の利用料として支払う方法をとります。利用料は、利用者である親自身や子などが扶養している場合は扶養者の経済力、親の介護度合いなどの生活能力、希望する部屋などに応じて異なります。また、施設のスタッフの内容によっても差が生じます。

■ 有料老人ホームや高齢者住宅ではどのぐらい費用がかかるのか

　民間の施設である有料老人ホームの場合、入居の際には一時金が必要な場合があります。この一時金は、対象とする有料老人ホームへ入居するための権利を取得するようなもので、年数に応じて償却していくシステムを取っています。そのため、施設の中には中途での退所や利用者の死亡時に返却が行われる場合もあります。

　一時金については、有料老人ホームごとにそれぞれ償却の仕方が定められています。中には家賃を前払いとして受け取るタイプの一時金も見られるため、入所を検討する際には入念に調べておきましょう。

　また、サービス付高齢者向け住宅の場合は、通常の住宅への入居時と同様に、敷金・礼金を支払い、その後は月額費用を負担す

● 施設の種類ごとの費用の特徴と目安

種類	施設名	入居一時金(※)	月額費用
介護施設等	特別養護老人ホーム(特養)	−	6〜15万円
	介護老人保健施設(老健)	−	8〜16万円
	介護医療院	−	9〜17万円
	グループホーム	数千万以下	15〜20万円
	軽費老人ホームA型・B型	−	3〜17万円
	ケアハウス	数百万以下	7〜30万円
有料老人ホーム	健康型	数億円以下	12〜40万円
	住宅型	数億円以下	12〜35万円
	介護型	数億円以下	12〜35万円
高齢者向け住宅	サービス付高齢者向け住宅	数十万以下	12〜35万円
	シルバーハウジング	−	10万前後
	グループリビング	50万程度	30万前後

※入居一時金が必要な場合がある。ある場合は入居時に確認し、トラブルを避ける。

るシステムをとります。一般のサービス付高齢者向け住宅の場合は、介護支援サービスを利用した際には、その都度利用者の介護度合いに応じて費用を負担します。介護型のサービス付高齢者向け住宅の場合は、介護にかかる費用は月額費用として一定額を支払います。

■ 施設費用が高額になる場合、払戻しの可能性もある

　介護保険が適用される場合は、介護にかかる費用の自己負担割合は原則1割です。いくら1割負担といっても、重度の介護認定を受けている場合や、さまざまな介護サービスを要する高齢者の場合は、それでも自己負担割合が高額となるケースがあります。

　このような場合に有効となるのが、高額介護サービス費の制度（174ページ）です。この制度を活用すれば、自己負担額の月額費用が定められた額を超えた場合に、超過分が払い戻されます。この制度は申請式であるため、利用者が申請することで適用がなされます。ただし、申請を行いさえすれば、申請後は自動的に払戻しが行われるため、介護が必要な親がいる場合は検討する価値があるでしょう。

　なお、低所得者の場合は特定入所者介護サービス費の制度が適用されるケースもあります。特定入所者介護サービス費は、所得などに応じて食費、居住費の負担が軽減される制度です。この制度も、高額介護サービス費と同様に利用者からの申請が必要となります。負担軽減の各種制度については、利用している施設やケアマネジャー、地域包括支援センターなどに聞いて確認しておくとよいでしょう。

5 施設選びのポイントについて知っておこう

親の希望や状態に合わせた施設を冷静に検討する

■ 施設を選ぶときに考えること

　実際に施設を選ぶときに考える点は、実に多岐にわたります。

　まず、大切なことは、かけることができる費用です。親の年金額や自身の経済力、貯金額などから、支払うことのできる限度額を決定します。長期にわたる計画を立てる必要があります。

　次に、親の健康状態に応じた介護施設のタイプを決定します。入所を希望する施設の場合でも、介護度合いによって入所ができない場合があるため、事前にリサーチしておかなければなりません。

　また、立地条件も重要です。子自身が通いやすいよう、自宅や職場などから近い方が利便性は増しますが、近いというだけで施設を選ぶことは危険です。

　その上で、実際に入所した際に親が安心して生活ができるような体制が整っているかを確認する必要があります。たとえば、設備の程度や医療体制、日々の食事、施設全体の雰囲気など、必ず事前に現地を確認しながら検討していきます。施設の方針や経営状態、入所者の家族との連携体制なども同時に確認しましょう。

■ 経営母体や規模で判断してはいけない

　我が国では、さまざまな業種の会社が介護業界に参入しています。業種に応じてそれぞれの強みを生かした経営を行っており、どの経営母体が優れているということは一概には言えません。

　大企業である、知名度が高いなどのネームバリューにとらわれず、実質的な経済状態を見ることが重要です。方法としては、事

業主の公表する財務諸表を確認することや、入居率が低すぎないか、退去率が高すぎないか、などの数値により、施設の経営状態やトラブル発生率を図ることができます。不明点は、施設に確認することも必要になります。

■ どんな点をチェックすべきなのか

施設を決定する際には、噂話や先入観にとらわれず、焦る気持ちを抑えながら選択することが重要です。

また、施設を利用するのは親本人です。目先の利益にとらわれることで本人の意志を無視してしまうと、親は不安や不満を抱えながら生活することになります。そもそも、本当に施設への入所が必要なのか、入所させるのであれば安心となる場所はどこかを検討しなければなりません。そして、実際に候補となる施設が発生した場合は、前述した条件に加え、必ず施設内で働くスタッフの様子を確認することが重要です。

まず、スタッフの勤務体制をチェックします。少人数の無理な働き方をさせている「ブラック企業」の場合は、スタッフのモチベーションが下がり、質の低下につながります。また、そのような施設はスタッフの入れ替わりも多くなりがちであるため、引継ぎの不備やコミュニケーション不足などの障害が生じます。その他、資格を持つスタッフがどのくらい配置されているのかや、教育体制を調べることも重要です。

さらに、スタッフ同士の連携や入所者への態度、身だしなみなどから、その施設の管理体制がわかります。また、新しい施設の場合は、設備などの綺麗さに目を奪われがちですが、スタッフ体制が不十分であるケースもあります。

これらの問題点は、実際にスタッフと話をしたり、施設内のスタッフの様子などを見る方法などで観察するとよいでしょう。

Q 夫は数年前からよく物忘れをするようになり、病院で軽度の認知症と診断されました。最近、症状が日を追うごとに悪化しており、介護の負担も次第に大きくなってきています。このように認知症が進んだ状態でも、受け入れてくれる施設はあるのでしょうか。また、費用負担の少ない施設はあるのでしょうか。

A　介護者の負担が次第に大きくなっているいうことですから、早急に何らかの対策を打たなければなりません。介護疲れが原因で介護者がうつ病を発症することは珍しいことではありませんから、まずはすぐに最寄りの地域包括支援センターに相談するようにしましょう。状況を改善するためのさまざまな方法を提案してくれるはずです。

　認知症の症状が進行した人であっても、受け入れてくれる施設は数多く存在しています。認知症に対応してくれる介護付き有料老人ホームであれば、夫婦一緒に施設に入ることができますが、費用負担が大きい上に介護者の負担軽減の効果が期待できませんから、あまりお勧めできません。夫婦が別々に生活することに抵抗を感じる方もいるかもしれませんが、認知症患者だけが入所するという方向で検討する方がよいでしょう。

　特別養護老人ホームへの申込みを既にしているという場合は、状況が深刻であると判断されれば、入所の順番を優先してもらえる場合もありますので、申込先に相談をしてみましょう。特別養護老人ホームは原則として要介護3以上の人が対象ですが、特例入所といって、重度の認知症がある等で在宅での生活が困難な要介護1・2の人でも特例的に入れる場合がありますので、該当する場合は行政の窓口に相談してみるとよいでしょう。また、共同生活に問題がないようであれば、認知症患者の支援に特化しているグループホームを選択するのもよい方法だといえます。

地域包括支援センターの役割や業務、改正内容について教えてください。

 地域包括支援センターは、高齢者が住み慣れた地域で安心して暮らせるように、介護や福祉、医療などを総合的に支援する高齢者のための総合窓口となっています。具体的な業務として、①総合相談支援業務、②権利擁護業務、③包括的・継続的ケアマネジメント支援業務、④介護予防支援・介護予防ケアマネジメント（第一号介護予防支援事業）があります。

令和6年（2024年）4月1日から施行される「全世代対応型の持続可能な社会保障制度を構築するための健康保険法等の一部を改正する法律（改正法）」では、「医療・介護の連携機能及び提供体制等の基盤強化」において、地域包括支援センターの体制整備が改正事項として組み込まれました。居宅介護支援事業所など地域における既存の資源の効果的な活用・連携を図りながら、総合相談支援業務や介護予防支援（介護予防ケアプランの作成等）など、地域包括支援センターが地域住民への支援をより適切に行う体制の整備を図るのが目的です。

主な改正として、地域包括支援センターの業務のうちの①総合相談支援業務について、その一部を居宅介護支援事業所（ケアマネ事業所）に委託することができるようになりました。委託を受けたケアマネ事業所は、市町村等が示す方針に従って業務を行うことになります。

また、④介護予防支援・介護予防ケアマネジメント（第一号介護予防支援事業）についても、居宅介護支援事業所（ケアマネ事業所）が、市町村からの指定を受けて実施することができるようになりました。指定を受けたケアマネ事業所は、市町村や地域包括支援センターと連携をとりながら、要支援者に対する介護予防支援を行うことになります。

Q 介護サービス利用時の65歳以上の２割負担の範囲拡大についての法改正が検討されているそうですが、その概要や問題点について教えてください。

A 令和７年（2025年）には団塊の世代がすべて75歳以上になることを踏まえて、厚生労働省は、社会保障審議会介護保険部会などにより、介護保険の第１号被保険者（65歳以上の高齢者）に関する２割負担の対象者の範囲を拡大する（２割負担の対象所得や年収を引き下げることで、対象者の範囲を拡大する）べきかについて、さまざまな議論を重ねているところです。

しかし、令和６年２月末日現在、２割負担の対象者の範囲拡大については、「第10期介護保険事業計画期間の開始（令和７年度）までの間に結論を出す」として、結論が先送りされています。その理由としては、利用者負担が増えることで、介護サービスを受ける必要のある人が利用を控えてしまうのではないかという懸念の声が上がっていることや、令和４年（2022年）に後期高齢者医療制度の自己負担割合に２割負担（一定以上の所得がある者に限る）が導入された上に、介護保険の利用者負担まで引き上げるのは、高齢者の生活に大きな不安が生じ、生活状況が悪化するとの意見があることが挙げられます。

その一方で、現役世代の保険料負担は既に限界に達しており、現役世代が負担しなければならない保険料の上昇を抑制するという観点から、高齢者の利用負担額の見直しが必要であるとの声や、能力に応じて皆で支え合うという観点から、負担能力のある高齢者には、その能力に応じた適切な負担を求め、低所得の高齢者に配慮しつつも、65歳以上の高齢者は原則２割負担とした上で、３割負担の対象者も拡大すべきという意見も挙げられています。

Column

養護老人ホームに入所するには

　養護老人ホームとは、緊急的な理由があるために、養護する必要のある65歳以上の高齢者を、行政（市区町村）が措置として入所させる施設です。特別養護老人ホーム（特養）と名称が類似しているため、両者を混同する場合がありますが、公共の施設であるという共通点以外は全く別のものであることに注意しましょう。

　養護老人ホームの対象者は、たとえば、家族などから虐待を受けている、住む場所がなくホームレス状態で生活をしている、生活保護を受けているが経済的に自宅での生活を続けることが難しいなどの問題を抱えた65歳以上の高齢者です。また、特別養護老人ホームが身の周りの世話をする介護サービスなどを提供するのに対し、養護老人ホームは原則として身の回りのことを自分で行えることが入所の要件となります。ただし、介護が必要となった場合に在宅サービスを受けることは可能です。

　養護老人ホームは、あくまでも入所者を生活上の問題から保護するという観点から成り立っているため、行政の「措置」によってのみ入所することができる点が、他の介護施設とは大きく異なります。利用者側から気に入った施設を選んで契約する方法をとることはできません。この点から、利用者が経済的に問題を抱えていることも入所の要件となります。入所者を養護して社会復帰を促進し、自立した生活を送ることができるようにすることが、養護老人ホームの目的であるからです。

　なお、養護老人ホームに入所した場合、入所一時金はかかりません。ただし、毎月の利用料の支払いは必要です。利用料については、入所者本人や扶養義務のある家族の世帯年収と課税状況を基準として決定されますが、月額0〜10万円程度であることが一般的です。

第2章

さまざまな介護施設

1 特別養護老人ホームについて知っておこう

常時介護に重点を置いたサービスを提供する公的介護施設である

■ 特別養護老人ホームとは

特別養護老人ホームとは、国の管轄である公的介護施設のひとつで、運営の主体は社会福祉法人や地方公共団体などです。介護保険法上では「介護老人福祉施設」に該当し、寝たきりなど常時介護が必要な者を受け入れる施設とされています。

特別養護老人ホームは全国各地で「地域密着型介護老人福祉施設入所者生活介護」を提供しています。地域密着型介護老人福祉施設入所者生活介護とは、定員に限りがあり、29人以下の小規模な特別養護老人ホームで行われることが特徴です。既存の特別養護老人ホームの近くに作られ、セットで運営されているケースもあります。少人数制で家庭的な雰囲気があり、地域や家庭とのつながりを重視していることが特徴です。

なお、前述のサービスは、①当該市区町村の住民である、②原則として要介護3以上の認定を受けている、③心身に著しい障害があるため常時介護が必要である、④在宅介護が困難である、という要件をすべて満たす場合に利用できます。

■ どんな特徴があるのか

特別養護老人ホームは、老人ホームの中では費用が安価で全国的に非常に人気が高い施設です。そのため、親を特別養護老人ホームへ入所させたいと考える者が多いことが予想され、事実、相当の期間を入所待ちに要している世帯が存在することが現状です。

親が常に寝たきりの状態などのため24時間体制での介護が必要

な場合や、そもそも自宅が介護生活をできる環境ではない場合、または経済的な理由で介護にまつわる費用をかけることができない場合などに、特に常時介護に重点を置くサービスが提供される特別養護老人ホームへの入所を希望するケースが多く見られます。

■ 特養ではどんなサービスを受けることができるのか

特別養護老人ホームには、施設長、医師、生活相談員、看護職員、介護職員、栄養士、機能訓練指導員などが配置されています。

特別養護老人ホームでは基本的には医療行為は行われず、日常生活の世話を中心としたさまざまなサービスなどが提供されます。

入所した要介護者ごとに施設介護サービス計画（ケアプラン）が作成され、そのケアプランに沿って介護保険給付の対象となるサービスが決定されます。

● 特別養護老人ホームで支援を受ける場合

在宅で生活することが難しい状態にある場合　寝たきりである
　　　　　　　　　　　　　　　　　　　　　認知症が進んでいる
▼
特別養護老人ホームへの入所が可能
▼
施設介護サービス計画(ケアプラン)作成　特別養護老人ホームへの入所時
▼
施設に入所しサービスを受ける　日常生活上必要となる支援

要介護状態の改善・自立した生活に
向けた機能訓練・健康管理
▼▼

特別養護老人ホームでサービスを受ける場合の特徴

施設サービスの中で常時介護を受けることに重点を置いているサービス
ショートステイの場合を除き、要支援者、要介護1・2の入所は原則不可
介護老人福祉施設(介護保険法上の名称)＝特別養護老人ホーム(老人福祉
法上の名称)
　従来：2～4人の相部屋が主流
　最近：ユニット型の個室（相部屋よりも料金は割高）

具体的な内容は、入浴や食事、排せつ、清拭や体位変換などの身の回りの世話をはじめとする日常生活上必要となる支援です。また、要介護状態を少しでも改善し、自立した生活ができるよう、機能訓練や健康管理を受けることもできます。

■ 従来型個室、多床室、ユニット型といった種類がある

　従来の特別養護老人ホームは約4〜6名の相部屋が主流でしたが、最近ではプライバシーを重視したユニット型の個室または個室的多床室（相部屋だった居室を簡易的な壁で仕切ったもの）も提供されるようになりました。ユニット型の施設では、10部屋前後の個室または個室的多床室に加え、食堂やくつろぎ場などが設けられています。この方法により、入所者がリラックスしながら過ごすのを可能とし、施設側も入所者の状況に沿った介護サービスを提供できます。ユニット型の場合、大人数の相部屋より料金が高くとなるのが一般的です。

　一方、ユニットが存在しない個室を「従来型個室」といい、ユニットが存在しない大部屋を「多床室」といいます。費用はユニット型に比べ安価となることに特徴があります。

■ 複数の施設に申し込める

　特別養護老人ホームは、以前は申込みを行った順に入所することができるシステムでした。しかし現在では、各自治体や入所を希望する施設が設けた要件に合致しているかどうかを判断し、その中でも特に早急な入所対応を要する者から優先的に入所が認められます。

　なお、申込みは同時に複数の施設に対して行うことができるため、第一希望、第二希望と複数の希望施設がある場合は、入所への確率を上げるためにも複数申込みを実施する方法が効果的です。

また、居住地とは異なる場所にある施設に申し込むことも可能であるため、近辺に希望する施設がない場合や空いている施設がない場合は、対象エリアを広げて検討するとよいでしょう。ただし、居住地を離れた場所で地域密着型介護老人福祉施設入所者生活介護を受けることはできないため、注意が必要です。

■ 入居対象者について

特別養護老人ホームの入所対象者は、寝たきりの状況や認知症が進んでいる状況など、在宅で生活することが難しい状態にある者です。短期間だけ入所してサービスを受けるショートステイの場合を除き、要支援の人が予防給付としてサービスを受けることはできません。

現在、特別養護老人ホームでは、重度者への重点化が進められ、入所者に対する基準が厳しくなっており、新規の入所者は原則「要介護3以上の高齢者」に限定されています。

● 特別養護老人ホームの特徴

運営主体	社会福祉法人または地方公共団体
入所対象者	原則として要介護3以上
費用	安価な設定
サービス内容	介護に重点を置く（医療行為は制限あり）
居室	ユニット型個室、ユニット型個室的多床室、従来型個室、多床室
申込手続	施設に直接申込みを行う（点数制などで入所順位が決定する）
退所事由	要介護認定が「自立」「要支援1・2」に改善したとき　医学的管理や長期入院が必要になったとき

ただし、要介護1・2であっても、やむを得ない事情などがある場合は、特例的に入所が認められるケースもあります。

　入所を待っている要介護者全体に占める要介護3以上の人の割合は、以前と比べて非常に増えており、その中でも在宅の重度者に関する問題は非常に深刻化しています。そのため、現在では、介護の度合いや認知症が見られるかどうか、または介護を行う家族などの生活内容や経済状況などを考慮して判断しています。つまり、これまでは入所ができなかった場合でも、親の介護度合いが悪化した場合など、状況が変わった場合は再申込みの手続きを行う方法が効果的です。そのためには、常に親の状態を正確に把握しておくことが重要であり、定期的に診断を受けておく必要があります。

■ 入居できるかどうかの審査は点数制になっている

　実際に特別養護老人ホームへ入居ができるかどうかの基準は、早い者勝ちや運任せというわけではありません。特別養護老人ホームは地域に密着した介護施設であるため、原則として入所にまつわる審査基準は各自治体により異なります。

　ただし、施設の中には点数制のしくみが取られている場合があります。点数制とは、入所希望者の介護度合いや年齢、認知症の進行具合や介護を行う家族の環境などの要素に対して基準に合わせて点数をつけ、合算した数値で判断する方法です。同様の点数制によるしくみを保育園の入所基準で採用している自治体もあります。

　たとえば東京都新宿区の場合は、大きく分類すると①入所者の状況、②介護者の状況、という2種類の基準があります。そのうち重視度が高いのが①の入所者の状況で、要介護度・年齢・認知症の程度、という3種類の判断項目があり、それぞれ点数が設けられています。一方、②の介護者の状況の場合は、要介護の認定

を受けて以来の在宅介護継続期間や在宅における介護サービスの利用状況、介護者をとりまく環境、住宅環境（介護仕様にリフォームができるか、など）、という４種類の判断項目が設けられています。また、横浜市でも同等の点数制がとられています。

特養での生活について

特別養護老人ホームでの生活は、部屋の形態にかかわらず大まかな流れがあらかじめ決められています。利用者に対する職員の担当割合は決められているものの、職員は24時間の交代勤務を取っているため、実態としては１人の職員が５人以上の入所者の介助を行うケースが多く見られます。起床は６時から８時の間で定める場合が多く、身支度や排せつを整えた後、朝食を取ります。自身で動くことのできない入所者も多いため、朝食までにはある程度の時間が設けられています。

食事の後はくつろぎ、テレビ、レクレーションなど日によってさまざまで、入浴は日中の職員数が充実した時間帯に行われることが多いようです。また、日中には医師による診察や外出の時間が取られることもあります。排せつの促しは、日中・夜間を問わず行われます。

特養を退所するケース

特別養護老人ホームに入所できた場合であっても、ずっと居続けられるわけではなく、退所しなければならなくなる場合があります。たとえば、入所者の心身機能が大きく改善し、要介護認定において「自立」「要支援１・２」と認定された場合には、退所しなければなりません。また、医学的管理の必要性が増大した場合や、３か月を超える長期の入院が必要になった場合などにも、退所しなければなりません。

Q 特別養護老人ホームをめぐり、特例入所や配置医師についての改正が検討されているとのことですが、改正内容について教えてください。

A 特別養護老人ホームの特例入所については、令和5年（2023年）4月7日に「指定介護老人福祉施設等の入所に関する指針について」の一部改正が行われた経緯があります。都道府県・政令指定都市・中核市による指針（指定介護老人福祉施設等の入所に関する指針）の作成・公表に関する留意事項のうち、入所判定対象者の選定と入所の必要性の高さを判断する基準に関し、要介護1または2の人が、居宅において日常生活を営むことが困難なことについて、やむを得ない事由がある状況などが考えられる場合は、その事情を十分に考慮して、地域の実情等を踏まえ、各自治体において必要と認める事情があればそれも考慮して、特例的な施設への入所（特例入所）を認めること、という留意事項が追加されました。

留意事項のうち「やむを得ない事由」とは、①認知症の人や知的障害・精神障害等を伴う人で、日常生活に支障をきたすような症状・行動や意思疎通の困難さが頻繁に見られること、②家族等による深刻な虐待が疑われること等により、心身の安全・安心の確保が困難であること、③単身世帯である、同居している家族が高齢・病弱である等により家族等による支援が期待できず、かつ、地域での介護サービスや生活支援の供給が不十分であること、が挙げられています。

また、今回の一部改正により、市町村・関係団体における特例入所に関する指針の作成や特例入所の運用について、都道府県が必要な助言や適切な援助を行うことが追加されたことで、都道府県による適切な関わりが求められています。特例入所については自治体によって対応にばらつきが見られますが、今後は特例入所に関する指針についてのさらなる明確化が行われることになるでしょう。

●特別養護老人ホーム（介護老人福祉施設）の配置医師について

令和6年度介護報酬改定などに向けた社会保障審議会介護給付費分科会では、緊急時の医療提供体制の整備等が論点となりました。

特別養護老人ホームには医師の配置が義務付けられていますが、常勤を求められていないため、配置医師との契約形態によっては、配置医師が施設にいない時間帯に入居者が急変した場合など、緊急時における対応が難しいことが問題とされています。配置医師が施設にいない時間帯に生じた急変等の対応方法は、「配置医師によるオンコール対応」とする施設が多いものの、「原則として救急搬送」とする施設も3割程度存在するとされています。

また、介護報酬と診療報酬との給付調整は、配置医師が算定できない診療報酬と、配置医師以外の医師（外部の医師）が初・再診料や往診料、検査、処置等、在宅患者訪問診療料を算定できる場合が定められていますが、その給付調整のしくみについて十分に理解されていないことが問題とされています。

これらの対応案として出されたのが、①施設・配置医師・協力病院による緊急時等の対応方針の策定、②緊急時等の対応方針の定期的な見直しの義務付け、③配置医師緊急時対応加算の見直し、④給付調整のわかりやすい周知でした。

①・②については、省令改正により、緊急時等の対応方針の策定および1年に1回以上の見直しが義務付けられました。③については、令和6年度介護報酬改定により、現行の早朝・夜間および深夜の緊急時対応のみを加算対象としているところを、日中であっても「配置医師の通常の勤務時間外」での緊急時対応も加算対象とすることになりました。④については、厚生労働省の通知改正により、診療報酬との給付調整の正しい理解を促進するため、誤解されやすい事例を明らかにするなど、わかりやすい方法で周知を行うことになりました。

② 介護老人保健施設について知っておこう

医療サービスを受けながら居宅生活をめざしていく施設である

■ 介護老人保健施設は特養とどう違う

　介護老人保健施設は、特別養護老人ホームと同じく国の管轄である公的介護施設のひとつです。ただし、サービス内容は他の施設とは異なり、特に特別養護老人ホームなどと比べると医療関係のサービスが多いことに特徴があります。

　介護老人保健施設は、看護や医療的な管理下で介護サービスを提供することに重点を置く施設です。自宅で医療的な管理をすることができない状況であっても入院する必要性が生じない者や、病院での治療が終了した者が、機能訓練などを行ってから自宅に戻り生活を送れるようにするために入所します。

　実際に介護老人保健施設に配置されている人員も、医療関係に従事する者が多く、設備も他の老人ホームと比べると充実していることが特徴です。

　また、リハビリを行った上で自宅へ戻ることを目標としている施設であるため、入所期間に制限がない特別養護老人ホームとは異なり、原則として3か月から1年程度に限定されています。

　入所にかかる費用については、入所者本人やその家族の経済状況（世帯収入）に応じて定められますが、公的な介護施設であるため比較的安価とされています。また、入所一時金の支払もありません。

　ただし、専門の医療従事者が常に待機していることから、特別養護老人ホームと比較すると月額でかかる利用料が高額になる場合があります。また、部屋のタイプについては、特別養護老人

ホームのようにユニット型、従来型個室、多床室などが設けられているため、どの部屋を選択するかによって費用が異なります。

　結局、介護老人保健施設への入所を希望する場合、月額で最大10万円前後の費用はかかるものといえます。ただし、これはあくまでも多床室の場合であり、相部屋を好まず、従来型個室を希望する場合には、さらに5万円ほど多く見積もっておく必要があるでしょう。

■介護老人保健施設ではどんなサービスを受けることができるのか

　介護老人保健施設では、介護を必要とする高齢者の自立を支援し家庭への復帰をめざすため、常勤の医師による医学的管理の下、看護・介護といったケアや作業療法士や理学療法士などによるリハビリテーションが行われます。

　また、栄養管理・食事・入浴などの日常サービスまで併せて計画し、利用者の状態や目標に合わせたケアサービスを、医師をはじめとする専門スタッフが行い、夜間のケア体制も整えられています。

■メリットとデメリット

　介護老人保健施設へ入所した場合のメリットは、さまざまな医療サービスを受けることが可能である点です。

● 介護老人保健施設とは

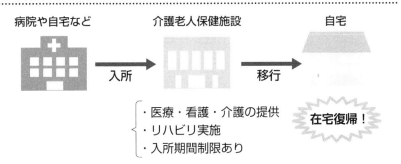

病院や自宅など　　　　介護老人保健施設　　　　自宅

入所　　→　　移行

・医療・看護・介護の提供
・リハビリ実施
・入所期間制限あり

在宅復帰！

入所時は、専門知識やスキルを持つ医師や看護師に囲まれ、持病を抱える高齢者でも安心して生活をすることができます。施設内の医療設備も充実しているため、いざという時にも安心した対応を受けることができます。

　また、医学的な治療の他、日常生活を自宅で送ることができるように個々の状況に応じたリハビリ方法を指導してもらうことができます。さらに、入所者の家族も、介護や日常の世話、気を付ける点などのノウハウを受けることが可能となるため、入所者本人も家族も退院後の生活に対するさまざまな不安感を軽減させることができます。

　その他、期間限定であれ親を専門の医療機関付きの施設へ入所させることで、家族は入所者が帰宅するまでの間に、家を介護仕様にリフォームさせることや退所後に受けさせる適切な介護サービスの選択など、今後の生活に対する対策を比較的余裕のある状態で立てることが可能になります。

　一方、介護老人保健施設のデメリットは期間限定の施設だということです。もともと長期入所はできないという前提で入所する施設であり、一定期間ごとに退所するかどうかの判断がなされるため、入所の継続ができないという結論が下された場合は退所させなければなりません。そのため、家族は、入所後も常に退所後の施設や介護体制などについて考える必要があります。また、リハビリを中心とした施設であるため、他の施設に比べるとお楽しみイベントなどが少ないこともあります。

　ただし、現状としては、契約を延長もしくは繰り返して長期にわたり入所し続けるケースが見られる場合があります。具体的には、入所期間を延長する方法や、退所後数日を開けた後に再び入所する方法などの実態が見られます。

3 介護医療院について知っておこう

「生活の場」を提供する点が従来の介護療養型医療施設との大きな違いである

介護医療院とは

　介護医療院は、病院や診療所などに入院している人のうち、介護が必要な人に対して、施設サービス計画に基づいて、必要なサービスを提供する施設です。介護療養型医療施設（長期間の療養が必要となる高齢者を対象として、医療や介護サービスを提供する施設。令和6年3月末までにすべての介護療養型病床は介護医療院に転換する予定）が果たしてきた、療養上の管理、看護、医学的管理が必要な介護ケアの他、機能訓練や生活の場を提供します。介護の他に医療が必要な高齢者が、長期療養することが可能な施設として位置付けられています。

どのような人が対象になるのか

　介護医療院に入居するには要介護1～5の認定を受けている必要があります。要支援者は対象外です。要介護認定は65歳以上の高齢者を対象としていますが、脳血管疾患などの特定疾病を抱えている場合は40歳以上から要介護認定を受けることができます。

　介護医療院は、医療設備が充実しており、病院のような設備が備わっています。介護療養型医療施設との大きな違いは、「生活の場」を提供する点です。居室の面積は介護療養型医療施設と比べ広く設定されており、談話室やレクリエーションルームも設置しなければなりません。

Q 介護医療院の多床室について、特別養護老人ホームなどと同様に、室料負担について改正が検討されているとのことですが、すべての利用者が負担しなければならないのでしょうか。

A 令和6年（2024年）3月末での介護療養型医療施設の廃止に伴い、介護老人保健施設や介護医療院の多床室（数人の入居者が共同生活をする部屋）の室料負担の検討が行われました。多床室の室料負担は、利用者にとって事実上の生活の場所に選択されていることなどの理由から、介護老人福祉施設（特別養護老人ホーム）では一定の負担が求められています。この点から、介護老人保健施設や介護医療院の多床室も、在宅で介護サービスを受ける人との負担の公平さを考慮したときに、日常生活を行うための施設になっているのか、実態として死亡退所が多く、事実上の生活の場所として選択されているのかが、室料負担に関する論点となっていました。

　結論としては、令和6年1月22日に行われた社会保障審議会介護給付費分科会で出された令和6年度介護報酬改定で、介護老人保健施設の一部（療養型・その他型）と介護医療院（Ⅱ型）の室料負担について、市町村民税非課税世帯については補足給付により利用者負担を増加させないことにしつつ、利用者から室料負担（月額8000円相当）を求めることになりました。

　しかし、室料負担には反対の声もあります。問題点として、介護老人保健施設や介護医療院は医療提供施設として在宅復帰のためのリハビリや治療などを行っている他、一部入所などの形を取っている入居者も多く、居住環境なども特別養護老人ホームと異なる点や、室料負担を求めることで対象者が利用を控えるようになり、必要な介護サービスを受けられなくなることなどが挙げられています。

④ 有料老人ホームの形態や費用について知っておこう

利用形態や費用設定は施設によってさまざまである

■ 有料老人ホームは介護施設ではない

　一見施設に入居していても、以下の場合には施設サービスではなく、在宅サービスとして介護保険の適用を受けます。

---

① 　特別養護老人ホームや老人保健施設でショートステイという形式でサービスの提供を受ける場合

② 　有料老人ホームなどのケア付きの住宅のうち、特定施設として認められている施設に入居していてサービスの提供を受ける場合（特定施設入居者生活介護）

---

　②の特定施設には、有料老人ホームの他に、ケアハウス（62ページ）や軽費老人ホーム（A型・B型）などが認められています。軽費老人ホーム（59ページ）は、家庭の事情などから自宅で生活することが難しい高齢者で、身の回りのことは自分でできる人が低額で入居できる施設です。A型に入居できる対象者は、炊事についてはサービスの提供を受ける程度の健康状態にある人で、B型は、自炊できる程度の健康状態にある人を対象としています。

　軽費老人ホームの中でも住まいとしての機能を重視した施設にケアハウスがあります。身の回りのことは自分でできる健康状態にある高齢者のうち、自宅で生活することが難しい人が対象になります。軽費老人ホームは、A型・B型・ケアハウスといった類型に分かれていますが、将来的にはすべての類型がケアハウスに統一される予定です。

49

これらの特定施設については、定員29名以下の少人数制体制で運営されているサービスもあります（地域密着型特定施設入居者生活介護といいますが、サービスの内容自体に大きな違いがあるわけではありません）。

■ 有料老人ホームの利用形態

　有料老人ホームとは、民間企業や社会福祉法人が運営する高齢者向けの住宅です。事業者は高齢者のニーズに合うよう、眺望や温浴施設・娯楽施設などの設備、高級な食事やイベントの提供など、さまざまなサービスを準備して差別化を図っています。利用申込みは直接施設に行い、利用負担については設置者との契約によります。

　有料老人ホームの利用形態は、さまざまな観点から分類することが可能です。

・住宅型・健康型・介護付きという分類

　まず、利用者が有料老人ホームに入居を望む目的から、住宅型・健康型・介護付きという分類をすることができます。

　「住宅型」とは、生活の場を求めると同時に、介護サービスを利用することを目的に有料老人ホームに入居する場合です。「健康型」とは、当分介護の必要がないと考えている利用者が、専ら住居の場を求めるために有料老人ホームに入居する場合です。

　「介護付き」では、施設あるいは外部の事業者による介護サービスを受けることができます。

・入居要件からの分類

　次に、入居要件からの分類として、利用者の身体的状況に応じて入居の可否が決定されることがあります。入居要件からの分類には、①自立型、②混合型、③介護専用型があります。

　①自立型とは、入居時に要介護や要支援状態にないことが入居

要件になっている場合をいいます。②混合型とは、利用者が自立型のように健康な状態、または要介護・要支援の状態であっても入居可能であることをいいます。そして、③介護専用型とは、「入居要件として利用者が要介護認定１以上の状態でなければならない」と定められている場合や、「65歳以上」というように、利用者の年齢に制限を設けている場合を指します。

・**契約方式に従った分類**

さらに、契約方式に従った分類もあります。一般的な賃貸型住宅と同様に月額の利用料を支払い、介護等については別途契約が必要な方式を、建物賃貸借（終身建物賃貸借）方式といいます。

これに対して、建物賃貸借契約および終身建物賃貸借契約以外の契約の形態で、居室に住む権利と生活に必要な支援など、サービスの部分の契約が一体となっている利用権方式もあります。

■ 有料老人ホームに入居する際に必要になる費用

有料老人ホームに入居する際に必要になる費用として、主に入居一時金と、月額利用料があります。その他に介護に必要な自己負担額や消耗品費、レクリエーションへの参加費等が必要です。

入居一時金とは、施設に入居する権利を取得するための費用です。金額や別途家賃の支払いが必要になるのかは施設ごとに異なり、また、短期で退所する場合には、一部返還される場合もあります。これに対して、月額利用料とは、一般の賃貸住宅の家賃に相当する金額を指し、一般に施設スタッフの人件費や、生活に必要な水道光熱費に充てられます。金額は施設ごとに、また地域によっても異なります。

■ 介護付き有料老人ホームのサービスと費用の目安

介護付き有料老人ホームの大きな特徴は、都道府県から「特定

施設入居者生活介護」の事業者である旨の指定を受けているという点にあります。これにより、入居者は、入浴や排せつなどの介護や、日常の生活上の世話などを、介護保険サービスとして受けることができるわけです。入居一時金は0～1億円以上と、施設によって大きく異なります。月の利用料金は、12～40万円程度であることが一般的です。なお、施設によっては、入居一時金とは別な形で、入居申込金が必要な場合があります。その場合は、申込をキャンセルした場合の返金の有無などを確認するようにしましょう。

　注意しなければならないのは、実際の介護サービスを誰が行うかという部分です。

　ケアプランの作成から実際の介護の実施まで、すべてを当該施設の職員が担当するタイプでは、24時間体制で介護を受けられるというメリットがありますが、介護サービスをあまり利用しな

● 有料老人ホームにかかる主な費用

項　目	費用の内容と注意点
入居申込金	部屋の予約の際に要求されることがあるが、不当に高額の場合には入居を再検討した方がよい。
入居一時金	家賃や共有部分の利用権を取得するための費用。1000万円を超えることもあるので途中で退去した場合の取扱いを聞いておくこと。
月額利用料	家賃・食費・管理費の3つをあわせたもの。光熱費や電話代の支払いが別途必要になるのかについて確認すること。
介護関連費用	介護保険の自己負担部分やオムツ代。介護保険のきかないサービスを受けた場合にはその費用。
個別のサービス料	老人ホーム内でのイベントやレクリエーションに参加する場合にかかる費用。

かった月も利用料金は変わらない（毎月一定の料金がかかる）という点が欠点になります。施設ではケアプランの作成や生活相談のみを行い、実際の介護は外部の事業者が行うというタイプもありますが、この場合、介護サービスの利用度によって月の利用金額が変動することになりますので、介護サービスを利用しすぎて介護保険の支給限度額を超えてしまうと、高額な介護費用を自己負担しなければならなくなる可能性があります。

■ 住宅型有料老人ホームのサービスと費用の目安

住宅型有料老人ホームは、施設内に介護職員が設置されていない点に特徴があります。施設で提供されるサービスは、食事や清掃などの日常のサービスと、緊急時の対応がメインになります。

介護が必要になった際には、適切な介護サービスを受けることができるように併設または外部の事業者の在宅サービスや通所サービスを利用することになります。自治体の基準違反である場合が多いようですが、施設と提携している事業者でなければ選択できないというような縛りが設定されている場合もありますので、注意が必要です。

■ その他どんなトラブルが考えられるのか

その他考えられるトラブルとしては、実際に契約した後に、当初の説明と実際のサービスが大きく異なるような場合があります。契約時のトラブルを防ぐために、契約内容をしっかり理解して説明をよく聞き、わからない部分については質問するなどによって契約内容を確認する必要があります。

5 介護保険の短期入所サービスを活用しよう

一時的に施設に受け入れ、日常生活の支援を行うサービス

■ 短期入所生活介護、短期入所療養介護とは

短期入所生活介護及び短期入所療養介護は、ショートステイと呼ばれるサービスです。介護が必要な高齢者を一時的に施設（特別養護老人ホームなどの介護保険施設、病院など）に受け入れ、短期入所生活介護の場合は食事や入浴、排せつ、就寝といった日常生活支援や身体介護を、短期入所療養介護の場合は医療的なケアを含めた日常生活の支援を行います。また、要支援者を対象とした短期入所生活介護のことを介護予防短期入所生活介護、要支援者を対象とした短期入所療養介護のことを介護予防短期入所療養介護といいます。サービス内容は、要介護者を対象とした短期入所生活介護、短期入所療養介護と同様です。

短期入所サービスについての共通事項としては、適切な技術をもって介護を行うこと、職員以外の者による介護を利用者の負担によって受けさせてはならないこと、本人や他の利用者の生命・身体の保護など、緊急でやむを得ない場合を除いては身体の拘束などの行為を行わないことが挙げられます。

ショートステイは、高齢者が自立した生活を送れるようにすることを目的としています。さらに、身体の自由がきかずに自宅に引きこもりがちの高齢者に社会と接する重要な機会を提供し、孤立感を軽減させることができます。

また、短期入所サービスは、介護者の入院や出張、冠婚葬祭などのやむを得ない事情の他、単に「疲れたので一時的に介護から離れてリフレッシュしたい」「旅行に行きたい」といった内容で

も、施設に不都合がなければサービスの利用が可能であるため、介護する側の心身のリフレッシュという効果もあります。

■ 短期間利用して施設の生活を知ることも大切

有料老人ホームというと、「終身利用権」を取得し、長期にわたって入居するのが一般的な利用の仕方です。しかし、最近はこれ以外にもさまざまな利用希望者のニーズに応じるために、短期利用を受け付ける有料老人ホームも増えてきています。有料老人ホームに入居させるということは、高齢者の命を施設に預けることを意味し、簡単には決められないものです。そこで、事前に施設を短期利用し、入居希望者と施設が相互に情報交換や内情把握をしておけば、ミスマッチを防ぎ、入居後のトラブルを回避する可能性が高まります。短期利用は、その入居期間によって、ショートステイ、ミドルステイ、年単位入居に分類できます。

■ ショートステイ

数日から30日程度の短い期間入居することをいいます。短期入所生活介護や短期入所療養介護のことだけを指して「ショートス

● 短期入所生活介護と短期入所療養介護のしくみ

目的：介護者のリフレッシュを行う（レスパイトケア）など

短期入所生活介護

日常生活の支援
機能訓練

← 短期間、施設に入所する

短期入所療養介護

医療的ケア
機能訓練
日常生活の支援

← 短期間、施設（病院等）に入所する

テイ」という場合もありますが、ここでは、介護保険が適用され
ない短期利用も含めて「ショートステイ」に分類しています。

　気軽に利用されることが多いだけに、大型連休、お盆や年末年
始などは非常に予約が取りにくい状況になりやすい特徴がありま
す。長期入居を予定する高齢者の中には、施設で生活すること自
体に心理的な抵抗を感じる人もいますが、このような機会を活用
し、ショートステイから始めてみると、施設での生活に対する自
分のイメージと現実が一致し、無理なくなじむことが期待できます。

　なお、特別養護老人ホームなどであれば介護保険サービスの短
期入所生活介護や短期入所療養介護を利用することができますが、
有料老人ホームの場合は介護保険が適用されないことも多いので、
その場合の料金は割高になります。一泊約１～２万円程度が一般
的です。

■ミドルステイ

　１か月、２か月と月単位で入居することをいいます。介護者が
急に数か月入院することになった場合などに活用するとよいで
しょう。また、ショートステイ以上に施設の使い勝手や職員の雰
囲気を体感することができますので、本入居を決める前の体験入
居として、ミドルステイを活用してみるという方法もあります。

　料金は１か月単位で設定しているところと、利用した日数で算
出するところがあります。

■年単位入居

　１年ごとに利用契約を更新する方法です。介護者が転勤するが
数年後に帰ってくるという場合や、特別養護老人ホームの空き待
ちの期間利用するといったことが考えられます。

　また、入居者が非常に高齢（90歳以上）である場合や、末期ガ

ンを患っている場合など、今後の利用期間が長期間に及ぶ可能性
が低い場合に、トータルの費用を抑える手段として有効な場合が
あります。

■ 小規模多機能型居宅介護とは

自宅で生活している要介護者を対象に、デイサービス、訪問介
護、ショートステイ（短期間宿泊）といったサービスを一体的に
提供するのが、小規模多機能型居宅介護です。

また、要支援者についても、介護予防小規模多機能型居宅介護
として、要介護者と同様のサービスを利用することができます。

通所介護は、日帰りでのサービスですが、利用者は、出かける
ことが面倒な日や、そのまま宿泊したい日もあるはずです。そう
した利用者のニーズに対応して、通いのデイサービスに、訪問介
護や短期宿泊を組み合わせている点が、このサービスの特徴です。

一般の通所介護に比べ柔軟性があり、利用者やその家族のニー
ズに柔軟に対応できるよう、人員配置や設備等の基準が設定され
ています。たとえば、人員配置を固定しないようにすることで、
「通い」「訪問」「泊まり」の、どのサービスを利用したとしても、
馴染みのある職員によるサービスを受けることができます。

● 短期利用の種類と活用方法

種 類	入居期間	活用方法
ショートステイ	数日〜30日程度	介護者のリフレッシュ、旅行、短期出張、冠婚葬祭など
ミドルステイ	月単位	介護者の急な疾病・入院、本入居前の体験入居など
年単位入居	1年ごと	介護者の転勤、特養の空き待ち期間など

1事業所あたりの登録定員数は29名までと決められており、「通い」の場合はおおむね15名まで、「泊まり」の場合はおおむね9名までが利用できるようになっています。小規模多機能型居宅介護は、希望すれば24時間、365日いつでもサービスを受けることができるという特徴があるため、利用料は月単位で決まり、利用回数や組合せにかかわらず料金は同じです。サービスを受けたい場合は、一般の訪問介護や通所介護と異なり、1か所の事業所とのみ契約します。つまり、小規模多機能型居宅介護の事業所に登録しながら、別のデイサービス事業所に通うことはできないしくみとなっています。

　小規模多機能型居宅介護は今後の地域包括ケアシステムの中核的な拠点のひとつとして期待されており、国は事業所のさらなる参入を促す予定です。

● 小規模多機能型居宅介護サービスのしくみ

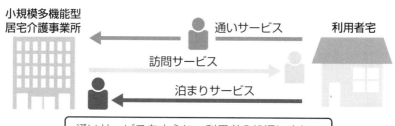

小規模多機能型
居宅介護事業所
通いサービス
利用者宅
訪問サービス
泊まりサービス

通いサービスを中心に、利用者の状況に応じて訪問サービス、宿泊サービスを提供する

6 軽費老人ホームについて知っておこう

自宅での生活が不安な時に安価に必要なサービスを受けられる

どんな場所なのか

　軽費老人ホームは老人福祉法に定められた福祉施設の一種です。施設長、生活相談員などの職員が配置されており、必要に応じて相談や援助などのサービスを受けることができます。福祉施設という位置付けですが、特別養護老人ホームなどと異なり、居室は原則として1人用の個室です。施設によっては夫婦等で同居できるような2人部屋を設けているところもあります。居室の他には、食堂や浴室、談話室、洗濯室など共用の設備を設けることが義務付けられています。いわば学生などが共同生活をする寄宿舎のような場所と考えればよいでしょう。なお、軽費老人ホームには、食事の提供があるA型と、自炊が基本のB型があります。また、ケアハウス（C型）も軽費老人ホームに含まれます。

　軽費老人ホーム（A型・B型）の入居対象となるのは、次のような条件を満たす人です。

・60歳以上（夫婦の場合はどちらか一方が60歳以上であれば入居可能）であること。
・身体の機能が低下しているなどの事情で自立して生活することに不安があること。ただし、食事や入浴、着がえなど身の回りのことは自分でできること。
・家族などの援助を受けるのが難しいこと。

　この他、運営主体が市町村など地方自治体の場合は、その自治体に一定期間居住していることが条件とされる場合があります。

　また、一部公費補助により運営されている福祉施設ですので、

家賃などの負担は必要ありませんが、その分所得制限が設けられています。なお、生活費や事務費などの経費は自己負担となりますので、その費用を賄える資力があることは必要です。

入居方法や費用について

入居に際しては、希望者と各施設が直接契約をすることになっています。希望者が入居対象の条件に合致しており、かつ施設に空きがあれば入居することができます。軽費老人ホームの所在地などの情報は、都道府県など、各自治体の高齢者関係窓口に問い合わせれば入手することができますし、インターネットなどにも掲載されています。

また、軽費老人ホームに入居する際に、入居一時金や敷金・礼金などの費用はかかりません。月々の家賃のようなものも不要です。その面では、経済的負担はかなり軽いといえるでしょう。

必要になるのは、月々の生活費と事務費です。生活費とは食費や共用部分の光熱費などの費用、事務費とは職員の人件費や修繕費などの費用です。額については国が基準を定めています。生活費は施設の規模や所在地によって額が異なりますが、おおむね月5万円前後で、冬季には暖房代等を別途徴収する施設もあります。事務費については所得額に応じて負担するとされており、年収150万円以下の人であれば本人からの徴収額は月1万円となっています。

医療機関や介護などについてはどうなっているのか

医療面については、嘱託医や提携医療機関を置き、そこで定期健診なども行っているというところがほとんどですが、必要に応じて入居前からのかかりつけ医に通院することも可能です。ただ、緊急時には提携医療機関等に搬送されることも多いので、あらかじめ健診を受けるなどしてカルテを作っておく必要はあるでしょう。

介護が必要になった場合、在宅の場合と同様、在宅サービスを提供する事業者と契約し、訪問介護などを受けることができます。ただ、重度の介護が必要になったり、認知症を発症して他の入居者との共同生活に支障が出るなどした場合は、別の施設などに転居しなければならないというところが多いようです。

■ 日常生活には支障がないのか

A型の場合、食事は３食提供されますが、居室にミニキッチンを備えているところも多く、食べたくなければ断ることもできますし、外食に出ることも可能です。また、来訪も自由で、必要に応じて宿泊や来訪者向けの食事の提供を求めることができる施設もあります。

買い物や旅行などの外出や外泊については、届出が必要なところもありますが、おおむね自由に行うことができます。中にはホームから出勤したり、内職をすることを認めている施設もあります。

このように、日常生活には大きな支障なく、比較的自由に過ごすことができますが、入浴は共用の浴場を使うことになるため、毎日は入れない場合もあります。

● 軽費老人ホームの種類とサービス

	入居条件 ※1	特徴 ※2
軽費老人ホームA型	部屋の掃除や洗濯などの身の回りのことは自分で行える状態	個室 食事など日常生活で必要なサービス提供あり
軽費老人ホームB型	身の回りのことも自炊もできる状態	個室・台所・トイレ
ケアハウス	身の回りのことを自分で行えるが自炊はできない状態、在宅での生活が困難な人	食事付きが原則で自炊も可

※1　どの類型でも60歳以上であることが必要だが、夫婦で入居する場合にはどちらか一方が60歳以上であれば可能（ケアハウスの介護型は65歳以上）

※2　どの類型でも、家賃に相当する分の利用料、日常生活上の経費は自己負担

7 ケアハウスについて知っておこう

比較的元気な高齢者が住みやすい形態

■ ケアハウスとは

　ケアハウスは、入居者が車いす生活になっても自立した生活が送れるように配慮した福祉施設です。軽費老人ホームの一種で、Ｃ型などと称されることもあります。居室は原則として一人用の個室で、マンションのような作りになっていますが、食堂や浴室、洗濯室といった共同設備も備えつけられています。生活は比較的自由ですが、食事は三食提供されますし、施設長、生活相談員、調理員、介護職員といった職員が配置されており、必要に応じて生活面の支援を受けることができます。ケアハウスの内容は、軽費老人ホームＡ型とほぼ同じです。大きな違いは、低所得の人向けで入居一時金などが必要ないＡ型に比べ、ケアハウスでは家賃が必要になるということです。入居時に家賃の前納として入居一時金を徴収している所も多く、ある程度資力がないと入居できません。ただ、その分所得制限はありませんし、施設数もＡ型より多くなっているので、Ａ型よりも入居先を見つけるのは容易でしょう。ケアハウスの入居対象となるのは、次のような条件を満たす人です。

・60歳以上（夫婦の場合はどちらか一方が60歳以上であれば入居可能）であること（介護型の場合は65歳以上）。
・身体の機能が低下しているなどの事情で自立して生活することに不安があること。ただし、食事や入浴、着がえなど身の回りのことは自分でできること。
・家族などの援助を受けることが難しいこと。

この他、運営主体が市町村などの地方自治体の場合は、その自治体に居住していることが条件とされている場合があります。条件については、所得制限を除いて軽費老人ホームとほぼ同じです。また、入居一時金を徴収している施設の場合、それを支払えるだけの資力が必要です。

■ 入居するには

入居に際しては、希望者と各施設が直接契約をすることになっています。希望者が入居対象の条件に合致しており、かつ施設に空きがあれば入居することができます。ケアハウスの場合、入居時に入居一時金や保証金（敷金にあたるもの）を徴収する施設が多いのですが、入居一時金は家賃の前払いとして納付するものですので、入居期間が短ければ、退去する際に入居期間分を差し引いた額を返金してもらうことができます。

なお、ケアハウスの所在地などの情報は、各自治体の高齢者関係窓口に問い合わせれば入手することができますし、インターネットなどにも掲載されています。

■ 費用はどのくらいかかるのか

ケアハウスの場合、家賃の負担が必要です。徴収の方法としては、入居一時金として数年分、たとえば20年分の一括納付を求めるところと、一部の納付を求めるところ、月々の分納にしているところがあります。一括納付すれば、月々の家賃は必要ありませんが、一部納付、分割納付の場合は家賃もしくは管理費などの名目で月に数千円～数万円が徴収されることになります。

なお、家賃の額は建築にかかった費用などから算出されるため、施設によって異なりますが、中には入居時に1000万円以上の入居一時金を納めなければならない施設もあるようです。

さらに、他の軽費老人ホームと同様、月々の生活費と事務費が必要になります。額については国が基準を定めています。生活費の額は施設の規模や所在地によって異なりますが、おおむね月8万円前後で、冬季には暖房代等を別途徴収する施設もあります。事務費については所得額に応じて負担するとされており、年収150万円以下の人であれば本人からの徴収額は月1万円です。

■ 医療機関や介護などについて

　医療機関については、嘱託医や提携病院を持っているところがほとんどですが、かかりつけ医や提携外の病院に行くことも可能です。介護については、原則としてケアハウスは介護施設ではありませんので、介護が必要な場合には在宅時と同様、外部の介護事業者と契約して在宅介護サービスを利用することになります。

　ただ、最近は「特定施設入居者生活介護」の指定を受けて、施設の職員が介護サービスを提供する介護付きケアハウスも増えてきています。なお、重度の介護が必要になったり、認知症などで他の入居者との共同生活に支障が出るような状態になった場合には、転居を求められることが多いようです。

■ 日常生活には支障がないのか

　ケアハウスは比較的元気な高齢者が入居する施設ですから、プライバシーもある程度守られていますし、かなり自由に生活することができます。外出、外泊、通勤なども自由ですから、日常生活に大きな支障はないでしょう。ただ、施設での共同生活である以上、食事を食べないときは事前に伝える、他の入居者に迷惑をかけないなど、守らなければならないルールはあります。また、毎日入浴はできないこともありますので、気になる場合は確認しておきましょう。

8 グループホームについて知っておこう

認知症の人が穏やかに暮らせるよう考慮された「家」

認知症の問題とグループホームの利用

　高齢者に起こり得る心身の衰えの中で、対応が難しいもののひとつが認知症です。認知症の症状には、記憶力、判断力、注意力といった能力の低下だけでなく、徘徊や暴力行為、幻覚といった周辺症状もあります。このような症状が出始めると、家族は精神的・肉体的な疲労感を持ちやすく、それが積み重なると大きな負担になる可能性があります。

　このような場合に利用できるのが、グループホームです。介護保険上「認知症対応型共同生活介護」として扱われるこのホームは、5～9人程度の少人数の認知症の高齢者が、専門職員の助けを借りながら共同生活を送る「家」のような場です。できるだけ家にいるような環境で、地域社会にとけこみながら生活することを趣旨としているため、入居者が安心感を得やすくなっています。

　一人ひとりに個室が用意されている他、共用のリビングや浴室、トイレなどがあり、入居者が職員の助けを借りながらそれぞれのできる範囲で調理や掃除、後片付けといった役割をこなします。散歩や買い物に出かけたり、イベントを企画したりして、日常生活を楽しく穏やかに暮らせるよう、支援します。入居者は、住み慣れた環境の中で生活を送ることができます。一方で、定員が少ないため、入居者同士の相性が悪い、または悪化した場合であっても、柔軟な調整が難しいという特徴があります。

　介護保険を利用できるため、自己負担の月額はそれほど高くありませんが、初期費用として必要になるものとして入居一時金や

保証金（敷金にあたるもの）があり、施設によって数十万円から数百万円と大きな開きがあります。利用料は、要介護度に対応して決定され、入居するには認知症であることを示す主治医の診断書と、グループホームが立地する地域に居住していることの証明として住民票が必要です。

　グループホームには認知症をわずらっている65歳以上の高齢者のうち、おおむね要介護度1以上の人が入居することができます。ただし、他の入居者と協力して生活することになりますから、暴力行為が激しいなど共同生活に適さない症状を示す場合は入居することができません。また、認知症であっても、その原因となる疾患が、急性の状態にある場合は入居できません。

　中には寝たきりなど重度の介護が必要になった場合には退居を求めるところもありますので、事前に確認しておくとよいでしょう。

　なお、認知症の症状がある要支援2該当者を対象に日常生活上の支援を行い、利用者の生活機能の維持または向上をめざす介護予防認知症対応型共同生活介護というサービスもあります。

● 認知症対応型共同生活介護（グループホーム）のしくみ

特　長	認知症の高齢者が施設の介護スタッフと共に共同生活する介護サービス
入居対象者	共同生活を送る上で支障のない認知症の高齢者 要介護認定で要支援2以上の人を対象
人　数	5～9人
費　用	介護サービス利用料の自己負担分は原則1割。利用料の他に家賃、食材料費、光熱費、敷金などが必要
施　設	原則として個室 計画作成担当者の介護サービス計画に基づいて食事や入浴などのサービスが提供される

9 グループリビングをするにはどうしたらよいのか

少人数の高齢者が支援を受けながら居住する新しい形

■ どんな特徴があるのか

　「子どもと同居して迷惑はかけたくない」「施設や老人ホームに入居してルールに縛られるのは抵抗がある」という気持ちを持つ高齢者の選択肢のひとつとして注目されているのがグループリビングです。

　グループリビングは制度化されていないため、それぞれの施設によって入居・退去条件、サービス内容、費用や設備も異なりますが、基本的には5〜10人前後の少人数の入居者が個々に住める居室と、リビング、台所、風呂などの共用設備を併設した「グループハウス」に住むことをいいます。グループハウスの入居者は、おおむね60歳以上の比較的健康な高齢者が対象で、個々の生活ペースを尊重する一方、入居者同士で食事を一緒にとったり、共用空間でおしゃべりを楽しんだりもできます。食事の準備（希望によって毎食提供する施設もあります）や共用設備の清掃などは相互に助け合う他、外部の事業者に委託するなどして運営するところもあります。外出や外泊に関するルールも最低限のものとする施設が多く、他の入居者への配慮やルールに縛られることについて懸念を持つ人でも、心理的な抵抗は軽減されやすいといえます。諸費用は施設、地域によってさまざまですが、月額費用のみで初期費用が一切かからない施設もあります。他の高齢者施設より低額であることも多いため、他施設の入居を待つ間にグループリビングが利用されることもあります。

　グループハウスの数はまだ少ないですが、思いをひとつにす

67

る高齢者同士が施設を立ち上げて運営はNPO法人に委託したり、社会福祉法人、民間企業や自治体が建設・運営に乗り出したりというケースもあります。介護施設ではないため、24時間の介護体制がない施設がほとんどであり、介護の必要性が高まって共同生活が難しくなった場合は退去とされることがあります。ただ、孤独感や不安感を解消し、人との関わり合いを保ちつつ個々の人生を楽しむことができるという点で、期待の持てる手段だといえるでしょう。

　なお、グループハウスに入居するには、入居者を募集しているところを探す他、その設立を支援するNPOなどに相談し、みずから施設を立ち上げることも一つの方法です。

　ただし、グループハウスには介護保険の適用がないため、他の施設と比べて運営することが難しいという特徴があります。細部までしっかりと検討を行わずに設立すると、安定的な財務基盤や運営を維持できず、短期間で閉鎖せざるを得ない事態に陥る危険性もありますので、十分に注意しましょう。

● グループリビングのしくみ

特　徴	比較的元気な高齢者が、一緒に住み、自発的に助け合って生活すること
入居対象者	健康で、身の回りのことを自分でできるおおむね60歳以上の人
人　数	おおむね5〜10人
費　用	入居一時金、月額費用、共益費などがかかる。入居一時金が300万円以上の施設もある
施　設	施設によって異なるが、個室と共有スペースが分かれている。風呂・トイレなどの設備を個室に備えている施設もあれば、共同生活者で共用するタイプもある

第3章

介護保険施設への
入所と手続き

1 特別養護老人ホームの申込みをする

申込みは市区町村の窓口に行う必要がある

■入居対象者について

特別養護老人ホームの入所対象者は、寝たきりや認知症が進んだ状況など、在宅生活が難しい者です。入所者に対する基準も厳しくなっており、新規入所者はやむを得ない事情などを除き原則「要介護3以上の高齢者」に限定されています。

入所待ちの要介護者全体に占める要介護3以上の者の割合は、以前に比べ増加し、中でも在宅の重度者に関する問題は非常に深刻化しています。そのため、現在では、介護の度合いや認知症が見られるか、または介護者の生活内容や経済状況などを考慮して判断されています。つまり、これまでは入所ができなかった場合でも、親の介護度合いが悪化した場合など、状況が変わった場合は再申込みの手続きを行う方法が効果的です。そのためには、常に親の状態を正確に把握しておくことが重要であり、定期的に診断を受けておく必要があります。

■複数の施設に申し込める

現在では各自治体や入所を希望する施設が設けた要件に合致しているかを判断し、その中でも特に早急な入所対応を要する者から優先的に入所が認められます。

また、申込みは同時に複数の施設に対して行うことができるため、第一希望、第二希望と複数の希望施設がある場合は、入所への確率を上げるためにも複数申込みを実施する方法が効果的です。よく、「特養への入所は難しい」と言われがちですが、この複数

申込みの方法を取る希望者がいるため、地域によっては想像より早い時期に入所の順番が回って来るケースも見られます。

さらに、居住地とは異なる場所にある施設に申し込むことも可能であるため、近辺に希望する施設がない場合や空いている施設がない場合は、対象エリアを広げて検討するとよいでしょう。居住者が集中する都心部では空きがない場合でも、郊外や地方ではすぐに入所できる可能性があります。ただし、地域密着型介護老人福祉施設入所者生活介護については居住地を離れた場所で受けることはできないため、注意が必要です。また、家族と離れ、住み慣れた場所を離れるのを嫌がる入所者や、それによるストレスで要介護の度合いが進行する危険性もあります。遠方の施設に入所することで、家族の手間や交通費がかかる可能性についても考慮しておかなければなりません。

■ 入居できるかどうかの審査は点数制になっている

原則として、入所にまつわる審査基準は各自治体により異なります。施設の中には点数制のしくみが取られている場合があります。点数制とは、入所希望者の介護度合いや年齢、認知症の進行具合や介護を行う家族の環境などの要素に対して基準に合わせて点数をつけ、合算した数値で判断する方法です。

たとえば東京都武蔵野市の場合、合計で100点満点となる入所調整基準が設けられています。点数が大きくなるほど、入所する必要性が高いとみなされることになります。この基準の項目を大きく分類すると、①本人の状況、②介護の困難性、③居宅サービス等の利用状況、④緊急度など特別な事由の４種類に分けられます。

そのうち重視度が高いのが①の本人の状況（30点満点）で、要介護度・認知症の周辺症状（著しい精神症状もしくは行動上の障害）、という２種類の判断項目があり、それぞれ点数が設けられ

ています。②の介護の困難性（25点満点）の場合は、主たる介護者の状況（介護者や身寄りはあるのか、主たる介護者がいる場合には、どのような介護困難な状況があるのか）、その他調査で問題と思われる介護の困難性、という2種類の判断項目が設けられています。そして、③居宅サービス等の利用状況（25点満点）、④緊急度など特別な事由（20点満点）という配点になっています。

　具体的なケースにあてはめると、「要介護4（20点）、要介護認定調査の第3群及び第4群の調査で「ある」のチェックが6項目以上（10点）、身寄りも介護者も全くいない（25点）、居宅サービスを8割以上利用（25点）」という場合には、合計80点と高得点になり、加えて住宅改修が困難となると、④緊急度など特別な事由に該当し加算が行われる場合があるため、入所できる可能性が非常に高くなるでしょう。

　なお、細かい項目や点数については、自治体ごとに異なっていますので、必ず管轄の自治体に確認するようにしましょう。

● 特別養護老人ホームの入所までの流れ

施設見学をする（特養へ直接問い合わせる）

↓

必要書類を揃える

↓ ※入所申込書、介護保険被保険者証、サービス利用票の写しなど

入居を希望する施設に直接申込書を提出する

↓

施設の入居待機者リストに登録される

↓ ※入所の候補者になるまで順番を待つ

施設から直接連絡が入る
（施設側の審査（健康診断・面談等）を受ける）

↓

入所が決定する

資料　特別養護老人ホーム入所基準（東京都武蔵野市の基準）

入所申込者の点数化に関するフローチャート

入所申込者

100点満点で点数化

1：本人の状況　5〜30点

- ■要介護度　　　　　　　5〜20点
- ■認知症の周辺症状の
　状態による加算　　　　0〜10点

■要介護度	
要介護1	5点
要介護2	10点
要介護3	15点
要介護4・5	20点

■認知症の周辺症状の状態
※該当の要介護認定調査項目の「ある」のチェック数。

「ある」0	0点
「ある」1〜5	5点
「ある」6以上	10点

2：介護の困難性　0〜25点

- ■主たる介護者の状況　　0〜25点
- ■調査で問題と思われる介護の困難性
※上記の他の事項を調査欄を設ける。複数要件の場合など内容による加算は「4：緊急度など特別な事由」で行う

■主たる介護者の状況	
身寄りも主たる介護者もいない	25点
主たる介護者が専ずまたは病気療現中や	25点
主たる介護者が障害者または病気のあり在宅療養中	20点
主たる介護者が就業している場合	15点
主たる介護者が育児または親の介護等がいる	15点
上記のどれにも当てはまらない方	0点

3：居宅サービス等の利用状況　5〜25点

- ■直近3カ月間の居宅サービスの利用率　5〜25点
- ■継続して3カ月以上、居宅生活困難による介護療養型医療施設・介護老人保健施設、医療機関等に入所・入院している方は20点配点。

8割以上	25点
6割以上8割未満	20点
4割以上6割未満	15点
2割以上4割未満	10点
2割未満	5点
施設・病院等に入所入院	20点

4：緊急度など特別な事由　0〜20点

緊急度や福祉的観点などから、特に施設入所を考慮すべき特別な事由が認められる場合は、各施設の入所検討委員会の判断により、その状況に応じて、20点を限度として加算する。

入所に際し施設の事情により以下の事項を勘案

①性別（部屋単位の男女別構成）
②ベッドの特性（認知症専門床等）
③地域性（入所後の家族関係の維持等）
④施設の専門性
⑤その他特別に配慮しなければならない個別の事情

入所の判定

資料　特別養護老人ホーム入所申込書の例（東京都武蔵野市の例）

（様式１）　　　　　　　　　　　　　　　　　　令和３年４月１日改訂版

武蔵野市介護老人福祉施設　入所申込書兼調査票（標準様式）

申込日・届出日	令和◯ 年 4 月 2 日	申込区分	☑新規　□その他[　　　]

受付日	年　月　日	担当者名		受付番号	

◯◯◯◯　　施設長 殿

申請者（連絡先）

住所	〒180-0012　武蔵野市◯町２－４－１					
(フリガナ) 氏名	（マルマル　シカクロウ） ◯◯　□郎	続柄	子 （長男）	連絡先	自宅	0422－□□－△△△△
					携帯	－　－

介護老人福祉施設（特別養護老人ホーム）に入所したいので、入所申込書兼調査票を提出します。

入所申込者（本人）の基本情報

(フリガナ) 氏名	（マルマル　サンカク） ◯◯　△	性別	☑男　□女
		住民登録	武蔵野 ㊖・区・町・村
現住所	〒180－8777　東京都武蔵野市◯町２－２－28 電話 0422（△△）◯◯◯◯		
生年月日	明・大・㊊ 10 年 1 月 1 日（◯△歳）		
障害手帳等	☑無　□有⇒手帳の種類＿＿＿＿（障害名　　　） （判定　　　級（度）　　　年　月　日）		
介護保険被保険者番号	0 0 0 0 9 9 9 1 1 1		
要介護認定と認定期間	要介護　3・4・5 ※（要介護1・2）	（認定期間） 平成◯年 1 月 1 日 ～令和□年 12 月 31 日	

入所申込者（本人）の状況

現在利用している施設サービス等	□自宅で暮らしている。 ☑施設・医療機関等に入所・入院している。（下記欄も記入） 施設（病院）名　介護老人保健施設　◯◯園　入所(院)日 R□年 3月 3日～ 住所　東京都◯区△町１－２－３　電話 03（1111）2222
認知症・精神の状況	◆下記の項目で、いずれか一つ該当するものにレ点チェックをお願いします。 □何らかの認知症を有するが、日常生活はほぼ自立している。 □日常生活に支障があるような症状がみられるが、誰かが注意していれば自立できる。 ☑日常生活に支障があるような症状が見られ、介護を必要とする。 □日常生活に支障があるような症状が頻繁に見られ、常に介護を必要とする。 □著しい精神症状や周辺症状が見られ、専門治療を必要とする。 ◆その他、記載すべき特記事項があればご記入ください。 （物盗られ妄想が激しく、介護者に対して攻撃的になる。抵抗有。また、麻痺があり歩行には支え必要なのに、勝手に歩こうとしてしまう。転倒の危険性があり、家族は目が離せない。）
医療的処置	□尿管カテーテル　□ストマ（人工肛門）□経管栄養（経鼻・経腸・胃瘻・食道瘻） □酸素療法　☑インシュリン注射　◆その他（　　　）

現在治療中の病気	病名	入院・通院履歴	期間
	脳梗塞後遺症	A病院	H 28年 6月～
	糖尿病	B病院	H 30年 4月～
	老人性アルツハイマー症	A病院	R 4年 1月～

主たる介護者	（フリガナ）氏　名	（マルマル　サンカク）○○　△	性　別	□男　☑女
			生年月日 年　齢	明・大㉒11年　1月　1日　（　○○　歳）
	同居の区分	☑同居 □別居 ⇒	住所 〒　　　　　　　電話　　　（　　）	
	入所申込者(本人)との関係	妻		

<table>
<tr><td rowspan="6">家族や住居等の状況</td><td rowspan="3">主たる介護者の状況</td><td colspan="3">◆下記の項目で該当するものにレ点チェックをお願いします（複数回答可）。
□身寄りも介護者も全くいない。
□主たる介護者が遠方または病気で長期入院中。
☑主たる介護者が高齢者・障害者または疾病があり在宅療養中。
□主たる介護者が就業しており、なおかつ育児中もしくは複数の被介護者がいる。
□主たる介護者が育児中または複数の被介護者がいる。
□主たる介護者が就業している。
□上記のどれにもあてはまらない。</td></tr>
<tr><td colspan="3">この申請書の入所申込者（要介護３以上）に対する在宅での介護期間又は年数
　　年　　月　　日　～　　　年　　月　　日　（　　　　　）年間</td></tr>
<tr><td colspan="3">◆介護をしている上で特に困っていることがあればご記入ください。
□この申請書の入所申込者に対する在宅での介護期間のエピソード等
妻は高齢のため、自分の生活だけでも手一杯である。生活は自立できているものの、糖尿病を患っていて、自分の通院と夫の介護を両立することは難しい。留守の間はヘルパーをお願いしているが、夜間など夫の認知症への対応に疲れきっている。</td></tr>
<tr><td>主たる介護者の住宅状況（同居の場合）</td><td colspan="3">今の住まいは　⇒☑自宅　　□自宅以外
自宅以外にお住まいの方は戻る自宅が　□ある　　□ない
その他　⇒□立ち退きを迫られている　☑家屋の老朽化が著しい</td></tr>
<tr><td>介護をする上で住宅の問題点</td><td colspan="3">☑エレベーターのない集合住宅の２階以上に住んでいる
□入所申込者（本人）の部屋がない
□入所申込者（本人）の部屋とは別の階にトイレや風呂がある
□上記以外の問題点があればご記入ください。
〔アパートの２階に住んでいるが、通院時に１階におろすのに手間がかかる〕</td></tr>
</table>

他施設の申込状況	□当該施設のみ申込みしている。 □他の武蔵野市介護老人福祉施設入所指針適用施設にも申込みしている。 　⇒☑吉祥寺ナーシングホーム　□ゆとりえ　□武蔵野館　□親の家 　　□ケアコート武蔵野　□さくらえん　□とらいふ武蔵野 　☑めぐみ園　□緑寿園　□まりも園　□こもれびの郷 　□小松原園　□新清快園 ◆上記以外の施設があればご記入ください。 〔　　　　　　　　　　　　　　　　　　　　　　　〕
申込理由特記すべき事項	子ども達も子育てや日中仕事をしており、介護に協力することが難しい。 また、本人が子どもたちからの介護を拒否している。 同居の妻も体がすぐれないため、在宅での介護は厳しい状況だ。 このままでは、共倒れとなってしまうため、施設に申し込んだ。

担当ケアマネジャー	事業所名	むさしの○○○　居宅介護支援事業所		
	氏　名	むさしの　△△子	連絡先	電話　0422　（○○）××××

情報提供に関する入所申込者(本人)の同意確認欄	私は、入所申込施設が、①武蔵野市から私の介護認定情報の提供を受けること、②この申込書にある内容を必要に応じて武蔵野市や担当する介護支援専門員へ情報提供すること、③申込書にある内容について担当する介護支援専門員から情報提供を受けることに同意します。 令和○年 12 月 1 日　氏　名　武蔵野　三郎　㊞

※要介護１又は２について、別紙様式４を添付してください。

介護医療院や介護老人保健施設の申込みをする

施設ごとに入所の要件が異なる

■ 介護老人保健施設の入所手続き

　介護老人保健施設へ入所することができる対象者とは、第一に原則として65歳以上、つまり介護保険の「第1号被保険者」であることです。ただし、認知症などの要件を満たす内容の疾病を患っている場合は、40歳以上65歳未満の「第2号被保険者」も対象となります。その上で、要介護1以上の認定を受けており、なおかつ「病状が安定していること」が必要になります。ただし、感染症や伝染病にかかっていないことや、入院の必要性が生じないことなどの要件を満たさなければなりません。この要件については、施設ごとに異なるため、事前に入所を希望する施設の入居対象者について調査しておくことが重要となります。

　調査方法としては、電話やメールなどを使って問い合わせてみる方法もあります。しかし、申込みをする前に、施設を訪問して、その施設の相談員から直接説明を受けておく方がよいでしょう。

　実際に介護老人保健施設への入所を希望し、申込手続きを行うと、入所審査が行われることが一般的です。入所希望者の現状が判別できる健康診断書や医師の意見書、指示書などをもとに入所許可についての審査が行われます。

　書類による検討のみで足りる施設もありますが、場合によっては施設スタッフによる面談が行われることがあります。この面談は、入所を希望している本人だけでなく、その家族も受けることになる場合もあります。審査の方法や必要書類については必ず事前にリサーチしておくなど、余裕を持った対応が必要です。

介護医療院の入所手続き

　介護医療院に入居するには要介護１〜５の認定を受けている必要があります。

　介護医療院は施設数が少ないため、居住している市区町村には入所できる施設がない場合もあります。事前に厚労省の「介護サービス情報公表システム」で検索してみる方法もあります。現在、医療機関などに入院している人は入院先のソーシャルワーカーなどに相談し、施設を探すのがよいでしょう。

　入所希望の介護医療院が見つかったら、施設に直接問い合わせて、必要書類を用意しましょう。入所判定には「診療情報提供書」や「健康診断書」などの検査データなどの書類が必要です。必要書類をもとに、施設が入所可能と判断すれば、入所後に主治医となる医師や介護支援専門員、事務職員、相談員との入所前面談を行い、療養方針などを決め、ベッドが空き次第入居という流れになります。

● 介護老人保健施設へ入所するまでの流れ

```
施設の入所対象者を調査する（施設へ問い合わせる）
        ↓
必要書類の準備をする
        ↓   ※施設利用申込書、健康診断書、医師の意見書など
入所を希望する施設に申込みをする
        ↓
入所審査（書類による検討・面談など）を受ける
        ↓
入所の可否が決定する
```
※入所待機者リストへ登録される

Column

無届け・無指定の介護施設等に注意！

　本来、介護サービスを提供する介護施設や介護サービス事業者は、行政（主として都道府県または市区町村）の指定を受けたり、行政に届け出たりする必要があります。しかし、実態としては介護サービスを提供しているにもかかわらず、必要な届出を行わず、または指定を受けていない介護施設や介護サービス事業者も多く存在しています。これらの施設や事業者は、正確な数を把握することが非常に困難なため、行政側も対応しきれていないのが現状です。しかし、無届け・無指定の施設や事業者は相当数にのぼるといわれています。

　無届け・無指定の施設や事業者が必要な届出を行わず、または指定を受けていない理由として、防火設備などのクリアすべき設置基準が厳格で、採算が合わないことが挙げられます。利用者側にとっても、無届け・無指定の施設は格安で入居できるため、特別養護老人ホームなどに入所できない高齢者が介護サービスを受けるための受け皿になっているという事情もあります。

　費用が安い無届け・無指定の介護施設の需要があることは否定できませんが、介護サービスの質を行政は監督できません。たとえば、特別養護老人ホームや養護老人ホームなどの介護施設には、原則としてスプリンクラー設備を設置しなければなりませんが、設置を怠った結果、火災発生時に消火が遅れると、利用者の生命が危険にさらされます。また、感染症等が施設で発生した場合に保健所等の指導等を仰ぐことができず、大規模な感染拡大につながることもあり得ます。さらに、利用者への虐待が行われていても隠ぺいされるおそれがあります。

　介護施設を利用する際は、費用の安さだけでなく、施設や事業者が必要な届出・指定を経て運営しているのかなど、施設見学をして確認したり、重要事項説明書などでチェックすることが大切です。

第4章

有料老人ホームの
選び方とチェックポイント

1 有料老人ホームの形態・契約方式について知っておこう

提供されるサービスの形態や契約方式を確認して選択する

■ 有料老人ホームには4つの形態がある

　有料老人ホームは、提供されるサービスの形態に応じて、健康型、住宅型、介護付き（一般型特定型入居者生活介護）、介護付き（外部サービス利用型特定施設入居者生活介護）の4種類があります。

　健康型は、介護が不要で健康な高齢者を対象とした施設で、食事や身の回りの世話などのサービスが付きます。介護が必要になると退居しなければなりません。ただし、介護付きホームと提携している施設では、介護が必要になった際に、そのホームに住み替えることができるシステムになっているホームもあります。

　住宅型は、食事や身の回りの世話などのサービスが提供される点では健康型と同じです。しかし、介護が必要になった場合、基本的には自宅にいる人と同じ扱いとなるため、要介護認定を受け、外部の事業者の訪問介護サービスなどを個人契約で利用し、入居を継続することができます。ケアマネジャーへのケアプラン（136ページ）の作成依頼や事業者の選択は、基本的には入居者自身が行います。施設によっては、介護が必要になった際に、提携している介護付き有料老人ホームに住み替えるシステムとなっていることもあります。ただ、実際のところは、住宅型のホームのほとんどの施設が、併設で訪問介護サービスなどを運営しています。

　介護付きのホームでは、退去しない限り、終身の介護を受けることができます。「介護付き」と称しているホームは、人員・設備・運営に関する一定の基準を満たし、都道府県から特定施設入居者生活介護事業の指定を受けた施設です（定員29名以下のホー

ムの場合は、市区町村が指定)。

　介護付き（一般型特定型入居者生活介護）のホームでは、当該ホーム内のスタッフによる介護が提供されます。

　これに対し、介護付き（外部サービス委託型特定型入居者生活介護）のホームでは、外部の事業者の訪問介護サービスを受けます。日常の安否確認やケアプランの作成は、当該ホームのスタッフが行います。住宅型とは異なり、個人で外部の事業者と契約する必要はなく、当該ホームから委託された事業者のサービスを受けます。

　利用料は、どちらの場合も介護付きのホームに支払います。同じ「介護付き」であっても、介護を自室で受けるのか、部屋を移動して受けるのかなど、細かいシステムは介護付きのホームごとに異なるので、よく確認する必要があるでしょう。

■ 契約方式は利用権方式と賃貸借方式がある

　有料老人ホームの契約方式は、居住の権利形態に応じて、建物賃貸借方式と利用権方式があります。

● 有料老人ホームの形態と特徴

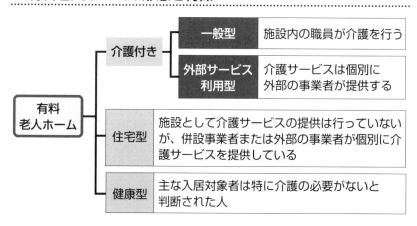

建物賃貸借方式は、一般的な賃貸住宅と同様、入居者に借家権（建物の賃借する権利）がある方式です。契約後に経営者が変わっても退居させられることはありません。入居者が死亡しても契約は終了しないので、権利を相続することができます。建物賃貸借方式の場合、家賃相当額は一括ではなく月々で支払います。介護などのサービスを受ける場合は、別途契約を結ぶ必要があります。

　なお、建物賃貸借方式の一形態として、終身建物賃貸借方式があります。終身建物賃貸借とは、入居者が死亡するまで住み続けることのできる権利です。入居者の死亡によって契約は終了するので、借家権の相続はできません。家賃相当額は一時金払いの場合も月払いの場合もあります。介護などのサービスについては、通常の建物賃貸借方式と同様、別途契約します。

　これに対し、利用権方式の場合、入居一時金を支払うことにより、居室に住む権利と生活支援などのサービスを受ける権利を得ることができます。ただ、経営者が変わった場合に退居を求められる可能性がありますので注意が必要です。

　契約方式については、ホームによって決められているので、ホームへの問い合わせや、重要事項説明書（138、224ページ）によって必ず確認しましょう。

🔲 有料老人ホームの選択のポイント

　提供されるサービスの形態の他、入居要件（自立型・混合型・介護専用型、50ページ）もチェックしておきましょう。なお、以前に届出をしていない有料老人ホームの火災で、多くの入居者が亡くなった事件が注目を集めましたが、入居するホームを選択する際には、届出をしているかどうかを確認することも必要です。

② 入居一時金と月額利用料金がかかる

入居する上で必要になる費用について知っておこう

■ 有料老人ホームにかかる料金の種類

　有料老人ホームを選ぶ際には、料金も重要なポイントとなります。有料老人ホームの入居にかかる主な費用としては、次のようなものがあります。

---

① 入居一時金……入居時に一括して支払う前払金。
② 月額利用料……月々支払う費用。
③ その他の費用……介護サービスの自己負担費用やオムツなどの消耗品費、レクリエーション費など。

　ほとんどの有料老人ホームでは入居一時金の納付が必要とされていますが、最近では「入居一時金ゼロ」を掲げるホームも徐々に増えてきています。入居一時金の詳細については後述します。

■ 月額利用料が必要になる

　有料老人ホームに入居すると、通常１か月ごとに支払う月額利用料がかかります。有料老人ホームの中には、家賃相当分として入居一時金を受け取り、その後は月々の家賃相当分を請求しない施設もありますが、介護スタッフに対する賃金、食費、水道・電気・ガスなどの水道光熱費といった費用がかかるため、月額利用料の支払いが必要になるのです。

　入居一時金がない、もしくは低く設定されている施設では、家賃相当分も月額利用料に上乗せされるため、月額利用料が高めに

83

なります。月額利用料は、平均すると20万円ぐらいですが、有料老人ホームの存在する地域によっても金額は異なります。実際のところ、入居一時金や月額利用料金の金額は、地域によって差があり、関東や近畿が高い傾向にあるようです。

■ その他の費用とはどんなものか

　有料老人ホームで生活するために必要な月額利用料は、入居者全員が負担するものですが、他にも個々の事情によって必要になる費用があります。たとえば、生け花やカラオケなどのクラブに入会する場合、入会費や参加費などが必要になりますし、通院や買い物の付き添いを頼む場合はその分の費用がかかります。その他、「決まった回数の掃除やシーツ交換を上乗せして行ってほしい」「通常の食事に好みのおかずを一品加えてほしい」などの希望がある場合は、その費用も自己負担になります。

■ 介護上乗せ費用について

　介護が必要な状態になると、月額利用料に加えて介護サービス費の負担が必要になります。介護保険が適用される介護サービスの場合、利用者は介護サービス費の１割（原則）を負担すればよいわけですが、看護師や介護士について、最低基準を上回る人数を配置している有料老人ホームの場合、この自己負担分に加えて「介護上乗せ費用」がかかることがあります。

　介護上乗せ費用とは、介護保険の給付分を超えて必要になる人件費などの費用のことです。配置された看護師や介護士は、ホーム全体に関する業務を行いますので、要介護者だけでなく健康な人も介護上乗せ費用を負担します。この場合、生活支援サービス費などの名目が使用されることもあります。

　介護上乗せ費用については、月額利用料に含まれる場合もあれ

ば、入居時に一括して支払う場合もあります。また、要介護度によって支払う金額に差がある場合もあれば、一律定額の場合もありますので、内訳を確認しておくべきでしょう。

● 有料老人ホームのスタッフの配置と介護上乗せ費用

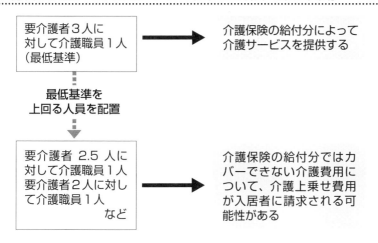

● 有料老人ホームの月額利用料

内　訳	備　考
家賃相当分（居住費）	入居一時金がない場合などに請求される
管理費	施設の管理・維持のための費用
食費	おやつ代を別途請求する施設もある
電気などの水道光熱費	管理費の中に含まれることもある
施設介護サービス費	介護保険サービスを利用した場合
サービス加算	サービスの向上などが行われた場合

月額利用料以外にかかる費用

上乗せ介護費用	最低基準を上回る人数を配置している場合
その他費用	日常生活費や医療費など

3 契約前に十分確認することが重要

■入居一時金とは

　入居一時金とは、施設に居住する権利を取得するために利用者が支払う初期費用です。賃貸マンションでいうところの礼金にあたり、入居時に一括して支払うことになります。賃貸マンションでは、礼金を支払った後も継続して家賃を支払うことが必要ですが、有料老人ホームの中には、入居一時金を払うことで、家賃を支払わなくてよくなる場合もあります。家賃に相当する額を、前払いで支払っていると考えればよいでしょう。入居一時金の金額は、0円の有料老人ホームから1000万円を超える有料老人ホームまでさまざまです。

■入居一時金をめぐるトラブルはなぜ起こったのか

　有料老人ホームへの入居の際、特に高額の入居一時金を支払っていた場合、返還をめぐってトラブルになることがよくあります。たとえば、「いったん入居すると、仮に数か月間のうちに退所したとしても、支払った金額の多くが償却されたとして、事業者が入居一時金の返還に応じない」といったトラブルです。それは、入居一時金について、事業者側が施設利用権取得のための金額（一般に権利金といわれます）であったり、施設の設置費用に賄う費用であると認識していることに起因していました。そのため、施設によっては高額な入居一時金の支払いが求められる利用者は、わずか数か月間しか施設を利用していないにもかかわらず、支払った費用のほとんどすべてを施設側から返還されず、いわば

泣き寝入りしなければならない状態に陥っていたのです。

　このような入居一時金をめぐるトラブルが重大である点から、現在の老人福祉法では、有料老人ホームの設置者は、利用者から「家賃、敷金及び介護等その他の日常生活上必要な便宜の供与の対価として受領する費用」の名目としてのみ金銭を受領することが可能で、「権利金その他の金品」の名目で金銭を受領することは禁止されています（老人福祉法29条8項）。つまり、有料老人ホームの設置者は、入居一時金等の前払金を権利金の名目では受領できないのです。

　この規定によって、たとえば、入居後比較的短期間のうちに利用者が退所する場合、有料老人ホームの設置者は、償却期間経過を理由に前払金の返還を拒むことはできません。また、入居日から3か月以内に解約または入居者の死亡により契約が終了した場合は、前払金の額から入居期間中の居住費用等（居室利用料や食費など）を控除した全額を返還する、という内容の契約を結ぶことが老人福祉法で義務付けられています（老人福祉法29条10項、短期解約特例の制度）。

■ どのような点に注意すべきか

　現在の法制度では、有料老人ホームの設置者が「権利金その他の金品」名目で入居一時金を受領することは禁止されていますが、入居一時金それ自体が一切禁止されたわけではありません。そこで、事業者としては、介護施設利用契約に先立ち、受領する金銭の名目や月額利用料との関係を明らかにする必要があります。

　有料老人ホームの中には一時金方式をとらず、入居一時金をゼロに設定しているところがあります。ただし、入居一時金をゼロにしている施設では、その分、月額利用料金が高くなっています。このしくみは月払い方式と呼ばれています。月払い方式にした場

合の月額利用料金は20〜30万円程度が相場とされています。

　ただし、月払い方式は誰でも利用できる制度ではなく、有料老人ホームへの入居地点で要介護認定を受けている人のみが利用できる支払方式です。一見すると利用者が得するように思える月払い方式ですが、トータルで支払うお金が減るとは限りません。実際は施設に長くいればいるほど、月払い方式の方が負担は大きくなります。

　結局、入居一時金がゼロといっても、月額利用料が高くなっているため、トータルで見れば、入居一時金と同等もしくはそれ以上の支払いを請求されることもありますので、事業者としては、入居期間に応じて利用者が負担する金額を明らかにすることが望ましいといえます。

■ 入居一時金は戻ることもある

　有料老人ホームを短期間で退去する場合、入居時に支払った高額の入居一時金は、かつては初期償却（入居時に一定の割合が減額されること）を理由にほとんどが返還されないという扱いが行われていました。しかし現在では、入居一時金について初期償却を採用することは老人福祉法で禁止されているため、償却期間に応じて返還が行われます。償却期間は数年から20年程度が相場です。たとえば、償却期間が10年の有料老人ホームに1000万円の入居一時金を支払って入居し、3年で退居した場合、1年に100万円ずつ償却されますが、3年後には700万円の返還を受けることができるわけです。

　なお、有料老人ホームの場合、入居日から3か月以内であれば、入居者から無条件に契約を解約することができます。これを短期解約特例（クーリング・オフ）の制度といいます。この制度を利用して契約を終了させた場合、支払い済みの入居一時金など

の前払金は、入居期間中の居住費用等（食費や居室利用料などの費用）を除いて全額返還されます。もっとも、どの項目の金額が返還対象になるのかは、有料老人ホームによってさまざまな基準があり、この制度が適用されない場合もあるため、どんな場合にも全額に近い金額が返還されると思い込むのは危険です。パンフレットなどにこの制度の記載がない場合、悪質業者である可能性がありますので、必ず確認しておきましょう。

■ 有料老人ホームが倒産した場合はどうなる

　利用期間中に有料老人ホームが倒産した場合、入居一時金はどのように扱われるのでしょうか。この場合は、途中退居と同じように入居一時金の一部が戻ってきます。

　なお、平成18年4月1日以降に設置された有料老人ホームについては、入居一時金などの前払金の保全措置（倒産した場合に備えて資金を蓄えておくこと）をとることが義務付けられています。しかし、それより前に設置された有料老人ホームは、保全措置をとる義務がないことから、保全措置をとっていないことがあるため、この点についてもあらかじめ調べておく必要があります。

● クーリング・オフを定める条項

第○条　入居者退去時返還金の算出基準日から3か月以内に入居契約の解約を申し出た場合には、居室が明け渡されたときに、事業者が受領した金額から以下の金額を差し引いた全額を無利息で返還する。
　① 明渡日までの利用の対価として1日○○○円
　② 居室の原状回復のための費用

契約書にこのような条項があるかをよく確認すること！

4 請求書をほったらかしにせず しっかりと確認する

請求される実費について知っておこう

■ 請求される実費にはどんなものがあるのか

　月額利用料金は初期契約の段階でしっかりと説明してもらえますが、別の実費請求の細かい中身までは説明されません。実費請求は思いもよらない高額になることもあります。

　実費請求の中で最も金額が大きくなるのは、介護用品費であるといわれています。有料老人ホームにおける介護用品費の代表例はオムツ代のことです。ホーム指定のオムツを使うときは、その使用料金を請求されます。ホームによっては使用した分だけ請求する場合と、セットで請求する場合があるようです。オムツ代だけであれば1か月に1～2万円が相場のようです。したがって、オムツ代以外には特に費用がかかっていないのに不当に高い費用を請求された場合には、ホーム側に具体的な事情を聞く必要があるでしょう。

　実費請求の中でオムツ代の次に大きくなるのが日用品費であると言われています。日用品というのは、タオル、石けん、歯ブラシ、ティッシュペーパー、トイレットペーパーなど、通常の日常生活ではたいしてお金のかからないものです。

　こういった日用品は、ホームのものを使うよりも、自分で持ち込んだ方が費用を安く抑えることができます。ただ、ホームによっては「○○は持ち込み可能だが、○○は持ち込んではいけない」といった詳細な規定が設けられているところもあるので、事前に確認するようにしましょう。

■入院して不在にした場合にも費用はかかる

　入院して有料老人ホームを不在にしている場合でも、ホームの管理費は請求されます。入院中でも部屋はしっかりと維持管理されているからです。不在中は介護保険の自己負担分は支払わなくてよいのですが、光熱費や家賃相当額は原則として支払わなければなりません。ホーム入居中に入院してしまうと、入院費とホーム利用料の両方を支払うことになります。

■消費税のことも考えておく

　有料老人ホームからの実費請求の中で、見逃されがちなのが消費税です。家賃相当額のみを非課税、食費のみを非課税にするホームもあれば、すべてに課税するホームもあります。消費税の徴収は、ホームによってバラバラのようです。現在の消費税は10%ですから、実費請求が消費税込みなのか、そうでないのかは、しっかりと確認する必要があります。ホーム側からもらう重要事項説明書（138ページ）に「家賃相当額は非課税、食費は課税」といったことが必ず記載されているはずです。実費の請求書と照らし合わせてみましょう。

● 実費の請求書サンプル

利用料等請求書

　令和○年○月分の規定外費用として以下の金額をご請求致しますので令和○年○月○日までに下記金額をお支払いください。

項目	金額（税込）
オムツ代	16,500 円
クリーニング費	3,150 円
理美容費	4,200 円
ベッドメイキング費	3,150 円
合計	27,000 円

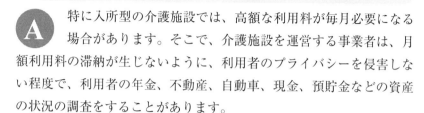

Q 月額利用料を滞納すると身元保証人や相続人に請求がいくこともあると聞きましたが本当でしょうか。

A 特に入所型の介護施設では、高額な利用料が毎月必要になる場合があります。そこで、介護施設を運営する事業者は、月額利用料の滞納が生じないように、利用者のプライバシーを侵害しない程度で、利用者の年金、不動産、自動車、現金、預貯金などの資産の状況の調査をすることがあります。

●身元保証人への請求や担保の取得・実行

多くの介護施設では、利用者が入居する際に身元保証人を要求するようです。利用者の親族等（近親者）が身元保証人になるのが一般的ですが、身寄りのない高齢者が利用者である場合は、身元保証業者が身元保証人になることもあります。身元保証人は、利用者が亡くなった場合における遺体の引取りをはじめ、さまざまな事項を引き受けますが、その中でも、事故やトラブル、そして月額利用料の滞納に備えて身元保証人が要求されています。したがって、利用者が月額利用料を滞納している場合、事業者は、身元保証人に対して支払いを求めることができます。

●請求の相手方が本人ではなく相続人の場合もある

利用者が月額利用料を滞納している場合、実際に滞納している月額利用料の支払いを請求する相手方が、利用者の相続人となるケースがあることに注意が必要です。つまり、利用者が利用料を滞納した状態で亡くなり、利用者の権利義務を相続した相続人がいる場合です。滞納額について相続人は債務として相続しますので、事業者は、相続人に対しても月額利用料の支払いを請求することが可能です。もっとも、相続放棄をした相続人には、月額利用料の支払いを請求できなくなることに注意を要します。

5 経営者によってホームの雰囲気は大きく変わる

有料老人ホームはどんな業者が経営しているのか

■ さまざまな業界が老人ホームの経営に参入している

有料老人ホームは、主に民間企業によって運営されています。介護保険制度が導入された平成12年4月以降、さまざまな業種の企業が介護業界に参入してきました。

厚生労働省が公表している社会福祉施設等調査結果の概況によると、有料老人ホームの設置数やホームの所在者数は右肩上がりに上昇しています。平成12年に350施設であった有料老人ホームは、平成27年には10651施設、令和4年には17327施設にまで増加しており、22年間で設置数が約50倍になったということになります。

さまざまな業界の企業が老人ホームの運営に参加し、介護は今やビジネスになっているといえるでしょう。具体的に有料老人ホームの運営会社やその親会社を調べてみると、金融系、不動産・建築系、生保系、宗教系、病院系、飲食系、教育系、セキュリティ系など、さまざまな業種の企業が参入していることがわかります。国内の企業だけでなく、外資系の企業が運営している有料老人ホームもあります。運営の理念を見ると、不動産・建築系であれば「バリアフリー建築のノウハウを生かす」、飲食系であれば「食事の楽しみを大切にする」というように、本業の業種の特色が反映されていることが多いようです。実際に運営会社のホームページなどを閲覧してみるのがよいでしょう。

ただし、ホームを実際に運営しているのは施設長やスタッフですから、売り文句だけをうのみにせず、必ず見学して自分の目で確かめてみましょう。

■ どんな人たちが運営しているのか

　「老人ホーム」というと、公的機関や社会福祉法人などが運営しているものと思われがちです。特別養護老人ホームなどの介護保険施設についてはそのとおりなのですが、有料老人ホームの多くは民間の株式会社やNPO法人などが運営しています。しかも、その事業者の本業は介護や医療といった分野だけではなく、建設業者や飲食業、ホテル業、金融業などさまざまです。もちろん、介護や医療の分野のホームがよくて、他のところは問題があるということではありません。他分野から参入してきた事業者の中にも、高い理念と熱い思いを持ち、入居者の老後の生活をよりよいものにしようとホーム運営をしているところがたくさんあります。

　ただ、自分や家族の生活を預ける場になるわけですから、立地や外観といった部分だけでなく、運営者がどういう人たちなのか、どんな考えの下にホーム運営を行っているのかということは知っておくべきでしょう。

　経営母体が民間企業の場合、老人ホームの運営によって利益を上げる必要があります。そのため、大企業であればあるほど経営が安定していて安心できる、というイメージがあるかもしれません。

● 運営母体のチェックポイント

●チェックポイント
・民間運営か、公益法人運営か
・経営状態は安定しているか
・古参か新規参入か
・運営しているのは子会社か
・他にどのような事業を
　展開しているか

ホーム自体だけでなく、
運営母体の調査が必要！

確かに、倒産するリスクは大企業の方が少ないでしょうし、いくつも施設を持っている企業であれば、希望施設に空きがなくてもひとまず他の施設に入居できる、といった臨機応変な対応も期待できます。

　大企業の場合、介護事業の採算が見合わないと介護の事業だけを別の会社へ売却するということも考えられます。したがって大企業が運営しているからといって必ずしも安定は約束されません。そのため、決算書（96ページ）のチェックによって経営が安定しているかどうか、採算がとれているか、入居者が集まっているか、事業の継続が見込まれるかどうかといった点を見定めることが必要になります。

■ 経営者がどんな人かが重要

　有料老人ホームには、資格を持った介護士や看護師、生活相談員や機能訓練指導員といった職員が配置されています。この他にも、食事を準備する調理員や、清掃員など、たくさんの人が働いています。どんなにすばらしい環境で、充実した設備が整っていても、施設で働く職員にやる気がなかったり、機械的にノルマをこなすような形で業務を行っているようでは、入居者は心豊かな生活を送ることはできません。ホームで働くたくさんの人たちが、いきいきと笑顔で仕事に取り組んでいることが必要なのです。

　また、ホームの経営者の人物像を知ることも重要です。経営者が利益優先で人件費をできるだけ削ろうとしている場合、また、高い理念を持っているものの、現場の不満や苦労を理解せず、採算を度外視して自分の理想を押しつけるような人である場合、職員はついて行けず、ホームの経営も成り立たなくなってしまいます。有料老人ホームを選ぶ際には、できれば施設長や運営者に会い、どのような方針でホームを運営しているのかを聞いてみるとよいでしょう。

情報公開がどの程度行われているかチェックする

■ 安定した経営をしているかどうかをチェックする

　金銭面で苦労しないために、あらかじめ経営主体の経営状況を調べることが必要です。このために役に立つのが、有料老人ホームの経営状態を示した決算書（一定期間の経営実績や財産状態を示した書類）です。決算書は財務諸表、計算書類と呼ばれることもあります。有料老人ホームの経営にあたっての注意事項をまとめた厚生労働省の「有料老人ホームの設置運営標準指導指針」では、入居予定者への決算書の交付について配慮するよう求めています。多くの都道府県もこの指針に沿って決算書の開示を定めているので、見学の際は交付を求めるとよいでしょう。

　なお、有料老人ホームを運営するのが上場企業であれば、決算書の代わりに決算短信（決算の確定前に公表される決算の速報のこと）を見ることで、経営状態を把握することもできます。決算短信は企業のホームページなどで誰でも閲覧できます。

■ 事業者のどこをチェックすればよいのか

　有料老人ホームを選ぶ際には、どうしても立地や設備、サービス内容や入居者の雰囲気など、日常生活に直結する点に目がいきがちです。もちろんそれは重要なチェックポイントなのですが、その前にまず、そのホームが長く維持できるかどうか、つまり経営状態をチェックしておくことが重要です。今現在がどんなにすばらしいホームでも、2年後、3年後に経営破綻してしまっては意味がないからです。

ホームの経営状態を知るためにはまず、ホームがどの程度情報公開をしているかを調べてみましょう。最近はホームページ上で事業者情報や収支状況といった情報を公開しているところもありますし、問い合わせをすればある程度回答をしてくれるはずです。なお、必要な情報をすぐに得られる状態にしていないホームは、その時点で問題ありと考えても差し支えありません。具体的なチェックポイントとしては、以下のものが挙げられます。

① **事業者情報**

　有料老人ホームの場合、ホーム名をそのまま事業者名とし、運営もそこで行っている単体型のところと、グループ会社の中のひとつとして有料老人ホームを運営している複合型のところがあります。したがって、代表者名、所在地、事業者の形態（株式会社、社会福祉法人、NPO法人、医療法人など）、設立年月日、資本金、運営理念といった有料老人ホームに直接関係する情報に加え、親会社の業種やその主要株主、メインバンク、有料老人ホームの運営に至った経緯といったことも知っておく必要があります。

② **財務諸表（決算書）**

　有料老人ホームの経営状態を知るには、貸借対照表や損益計算書などの財務諸表（決算書）を見るのが一番です。上場企業が運営主体であれば、財務諸表は一般に公開されていますし、それ以外の企業でも公開しているところがあります。一般公開していない場合は、事業者に財務諸表の写しの交付などを求めてみてください。財務諸表を見ることができた場合は、営業収入が伸びているか、自己資本比率がどの程度か、といったことをチェックしておきましょう。

③ **重要事項説明書**

　入居したい有料老人ホームをある程度絞り込んだら、重要事項説明書（138、224ページ）をチェックします。重要事項説明書に

は、有料老人ホームに関する情報が正確かつ詳細に記載されていますので、必ず契約をする前に入手して確認し、疑問点があれば問い合わせるようにしましょう。

　経営状態の面から特にチェックしたいのが、入居率、前年度の退去者数、前年度の退職者数です。設立から２年を過ぎても入居率が７割に満たない場合は、経営状態が悪化している可能性があります。また、前年度の退去者や退職者が極端に多い場合は、運営方針などに問題があると思われますので注意してください。

　なお、有料老人ホームは、入居希望者や入居者から重要事項説明書の提出を要求された場合、これに応じる義務があります。「今作成中です」「入居者にしかお渡しできません」などと言って提出を拒否するホームは、信用に値しないと考えてよいでしょう。

● 決算書（決算短信）の見方

売上高・営業利益の増減をチェックする

営業利益の割合で運営企業の営業力を判断する

（1）連結経営成績

（％ 表示は対前期増減率）

	売上高		営業利益		経常利益		当期純利益	
	百万円	％	百万円	％	百万円	％	百万円	％
24年3月期	113,327	△ 2.5	2,317	△39.8	2,117	△57.5	836	△59.5
23年3月期	116,265	12.3	3,850	△ 3.9	4,985	△ 4.7	2,065	△ 2.5

	1株当たり当期純利益	潜在株式調整後1株当たり当期純利益	自己資本当期純利益率	総資産経常利益率	売上高営業利益率
	円銭	円銭	％	％	％
24年3月期	18.35	－	3.5	4.9	2.0
23年3月期	50.93	－	4.8	6.2	3.3

（参考）持分法投資損益　　24年3月期 －　　百万円　23年3月期 －　　百万円

（2）連結財政状態

	総資産	純資産	自己資本比率	1株当たり純資産
	百万円	百万	円％	円銭
24年3月期	81,223	42,365	57.2	1,689.10
23年3月期	86,721	45,159	52.9	1,629.74

（参考）自己資本　24年3月期　　42,365 百万円　23年3月期　　45,159 百万円

自己資本比率が高い方が企業の財務体質が安定しているといえる

7 入居者の権利と安全を守るための義務が課せられている

事業者に義務付けられていること

■ 開示が義務付けられている事項

　老人福祉法などの法律では、有料老人ホームの事業者にさまざまな義務を課しています。料金体系などが複雑で、専門用語が多く、一般の人には理解しづらいホームとの契約をめぐっては、これまで多くのトラブルが発生しているからです。義務の具体例としては、ホームに関する情報開示が挙げられます。

　情報開示の方法としては、ホームの入居希望者に対し、①事業主体概要、②有料老人ホーム事業の概要、③建物概要、④サービス等の内容、⑤職員体制、⑥利用料金、⑦入居者の状況、⑧苦情・事故等に関する体制、⑨入居希望者への事前の情報開示、⑩その他、に関する所定の事項が記載された書面（重要事項説明書）を交付することが要求されています。事業者が作成した重要事項説明書は、自治体のホームページにも公開されています。

■ 入居一時金など前払金を保全する

　前払金を支払ったにもかかわらず、ホームが倒産し、前払金の返還を受けられないといったトラブルを防ぐため、平成18年（2006年）4月以降に開設される有料老人ホームについては、前払金の保全措置をとることが義務付けられています。保全の限度額は500万円もしくは未償却期間についての残高の低い方で、その方法は基金制度を利用してプールする、金融機関と保証契約を結ぶといったことが考えられます。なお、平成18年3月以前に開設したホームの中にも、保全措置をとっているホームがあります

ので、確認しておくとよいでしょう。

■ クーリング・オフ（短期解約特例）について

せっかく有料老人ホームに入居しても、短期間で退居せざるを得ないことがあります。たとえば、入居してみないとわからない部分で納得いかない場合や、入居してすぐに体調を崩した場合です。しかし、短期間の入居にもかかわらず、契約時に支払った入居一時金のほとんどが返還されないというトラブルが多発していました。

そこで、入居日から3か月以内であれば、入居者から無条件に契約を解約することが認められています（クーリング・オフ）。これは、期間内の解約であれば、実費である入居費用等を除き、入居一時金が全額返還されるという制度です。ただし、クーリング・オフ時に入居一時金から差し引かれる実費をいくらにするかといった点はホームごとに異なるため、事前に確認しておくとよいでしょう。

■ 記録や帳簿の保存

以上の他、有料老人ホームの設置者には、記録や帳簿を2年間保存する義務が課せられています（老人福祉法施行規則20条の6）。記録を残すことが健全な運営につながる他、何らかの問題が生じたときの調査に役立てることができるからです。具体的には、次のような記録を残すように要求されています。

① 入居者が負担する費用の受領の記録
② 入居者に提供した日常生活上必要な便宜の内容
③ 入居者やその家族からの苦情の内容
④ 入居者に事故が発生した場合の状況や処置の内容
⑤ 緊急やむを得ず身体的拘束を行った場合の理由・態様・時間
⑥ 日常生活上の便宜の供与を他の事業者に行わせる場合、当該事業者の名称や所在地など

8 パンフレットの見栄えに騙されないように注意する

チェックすべき項目や用語をしっかりおさえる

■ パンフレットは広告にすぎない

　希望に合う有料老人ホームを探すときに、最初に目を通すことになるのが、そのホームのパンフレット（もしくはホームページ）でしょう。パンフレットには、ホームの特徴や長所などの情報が、イラストや写真、キャッチフレーズなどを使用して、わかりやすく記載されています。しかし、気をつけなければならないのは、パンフレットはあくまでも「広告」であるという点です。

　パンフレットには、ホームを魅力的に見せるため、さまざまな工夫が施されています。たとえば、建物の外観・内観の写真は、できるだけきれいに広く見えるように撮られています。また、なるべく良いイメージを持ってもらえるようにするため、「安心・安全・快適」といった抽象的な言葉を並べていることも多々あります。費用については、できるだけリーズナブルであると思わせるため、最低限の料金のみを大きく記載し、実際に必要となる他の費用については、記載していなかったり、欄外などに小さく記載していたりする場合もあります。

　どんな施設にも、必ず良い部分と悪い部分があります。パンフレットから得たイメージを鵜呑みにするのではなく、良い点・悪い点の双方を把握するように努力する必要があるといえるでしょう。

■ 記載内容が怪しいパンフレットもある

　有料老人ホームは入居者が24時間生活する場所ですから、ホーム側は誠実な対応をするのが当然です。しかし、ホームの中には、

101

お金儲けを第一の目的にして入居者を軽視するような悪質なところもあるので、ホーム選択の際には十分な注意が必要です。

　有料老人ホームを選ぶ際には、いくつか候補を挙げてパンフレットを取り寄せ、それを比較検討する（ホームページがあれば、それも比較検討する）のが通常です。しかし、パンフレットにはホームの表面的なことしか記載されていないことが多く、パンフレットだけでホームが信頼できるかどうかを判断するのは難しいものです。

　特に悪質業者が運営しているホームの場合、実際とかけ離れたよいことばかりをパンフレットに羅列していることが多いようです。いわば、パンフレットは「獲物を得るための罠」のようなものです。パンフレットに掲載されているホームの居室の写真が気に入ったから選んだのに、実際には写真とは全然違う部屋に入居させられた、といったようなことがあり得ます。また、居室が個室だと思っていたのに、実際には共同部屋に仕切りをつけて区切っているだけの場合もあり得ます。パンフレットの表現には十分注意する必要があるでしょう。

■ どんな項目や用語をチェックすべきなのか

　まず、費用については「内訳」を確認するようにしましょう。費用の内訳の中に、通常必要になるはずの項目が見当たらない場合、別途料金として請求される可能性が高いからです。

　次に、居室については「個室仕様」と「個室」を混同しないように注意が必要です。「個室仕様」と記載されている場合は、個人スペースを家具やカーテンなどによって仕切った、相部屋タイプの居室のことを指しています。

　また、周辺環境については、どんなに良い環境が整っていても、その恩恵を受けられるとは限らない点に気をつけましょう。ホームからその景観を楽しむことができるのか、職員に同行してもら

い散歩をすることができるのか、といった点を確認するようにしましょう。

■ 「介護」という表現にはワナがある

パンフレットに記載されている文字の中で、最も注意して欲しいのが「介護」という言葉です。有料老人ホームの入居希望者として最も関心のある問題が介護です。入居時には介護の必要がなかった高齢者でも、数か月後、数年後には、要介護の状態になる可能性がありますから、ホームを選択する際には、以下の点についてしっかりチェックしなければなりません。

① 特定施設入居者生活介護の指定の有無

この指定を受けていないホームでは、介護保険のサービスを利用することができないので注意が必要です。「○○県指定介護保険特定施設」と明記していないのに「介護付き」と記載している場合は、指定を受けていない可能性が高いと思った方がよいでしょう。

② 終身介護が受けられるかどうか

パンフレットに「終身介護」と記載されていても、実際には一定の状態になった際に退去を求められるケースがあるので注意が必要です。たとえば、認知症が悪化してトラブルを起こすように

● パンフレットの問題点

```
           ┌─ 大まかな料金体系しか書かれていないことが多い
           │
           ├─ 掲載されている写真が最新のものとは限らない
  問題点 ──┤
           ├─ 表現内容があいまいであることが多い
           │
           └─ 都合の悪いことは書いていないことが多い
```

なった場合なども、引き続きそのホームで介護を受けることができるのか、それとも退去しなければならないのかなどは、見学の際の質問や書面でよく確認しておきましょう。

③　**要介護度が変わっても同じサービスを受けられるかどうか**

入居から年数を経て要介護度が変わった場合に、居室の移動を求められる可能性があります。その際、移動後も契約時と同レベルの居室であれば問題ありませんが、個室から共同部屋に移動させられて待遇が悪化するにもかかわらず、利用料が変わらないとしている場合は問題があります。これらの点も、見学の際の質問や書面で確認しておかなければなりません。

④　**介護サービスの提供者**

パンフレットで「介護付き」と記載されていても、ホーム自体は介護サービスを提供せず、それを外部スタッフが提供するケースもよくあります。誰が介護サービスを提供するのかを確認しておきましょう。「介護付き」のホームのうち、当該ホームで介護サービスを提供していない場合は、外部の事業者が提供する介護サービスを利用することになりますが（外部サービス委託型特定型入居者生活介護）、その際に別途料金がかかるケースが多いので注意が必要です。

また、ホームのスタッフが介護サービスを提供する場合（一般型特定型入居者生活介護）であっても、看護・介護のスタッフが何人常勤しているか、夜間の体制は整っているかなどもチェックします。パンフレットの記載があいまいな場合は、疑問点をリストアップして見学時などに質問するとよいでしょう。

■24時間対応は本当なのか

「24時間」も勘違いしやすい表現です。「24時間対応で安心」などとパンフレットにはよく記載されていますが、この表現にも気

をつけなければなりません。注意したいのは、24時間対応をするのが誰なのかということです。

　職員が24時間常駐していることは有料老人ホームの基本です。しかし、ホームの職員は医師でも看護師でもないことが通常です。たとえ介護職員が24時間常駐しているとしても、点滴や注射などの看護師の仕事を介護職員が代行することはできません（経管栄養や喀痰吸引は条件付きで研修を修了した介護職員が行えます）。たとえば、夜間に緊急措置が必要な場合に介護職員が行えるのは、医師や看護師に連絡をとることだけです。重態の場合は、医師や看護師の到着前に取り返しのつかない状況に陥る可能性があるため、少なくとも看護師が24時間常駐しているホームがよいでしょう。

　また、「施設内クリニックが24時間対応」と記載されているパンフレットもよく見かけますが、施設内クリニックの経営者がホームの経営主体と同一かどうかは、必ずチェックしなければなりません。別の経営者が入っている場合、医師や看護師が常駐しているのはクリニックの営業時間だけということもあるからです。いくらクリニックが施設内にあっても、夜間は看護師が1人も待機していないのでは、クリニックのないホームと変わらないといえます。

● パンフレットのあいまいな表現

介護付き

> どういう意味で「介護」なのか。介護保険法上の「特定施設入居者生活介護」の指定を受けているのかを確認すること！

スタッフが24時間対応

> 医師や看護師も含めて24時間常駐しているのか、スタッフには外部スタッフも含まれるのかを確認すること！

Q 特定施設入居者生活介護について改正が行われるそうですが、どんな内容の改正が行われるのかについて教えてください。

A 特定施設（有料老人ホーム、軽費老人ホーム、養護老人ホーム）入居者生活介護における入居継続支援加算について、かつては医療的ケアのうち「口腔内・鼻腔内・気管カニューレ内部の喀痰吸引」「胃ろう・腸ろうによる経管栄養」「経鼻経管栄養」を必要とする入居者のみを評価の対象としていました。

しかし、令和6年度介護報酬改定に向けて、社会保障審議会介護給付費分科会では、入居者のニーズが高い医療的ケアは他にもあり、カテーテルの管理、酸素療法、インスリンの注射などを必要とする入居者も対象に追加する必要があるのではないか、という検討が行われました。そこで、令和6年度介護報酬改定により、入院継続支援加算の評価の対象に、常勤の看護師を1名以上配置し、看護に係る責任者を定めているのを条件として、入居者が「尿道カテーテル留置」「在宅酸素療法」「インスリン投与」を実施している状態を追加しました。

特定施設入居者生活介護における夜間看護体制加算の改定も行われました。夜勤または宿直の看護職員を配置する事業所は、オンコールで対応している（看護職員がオンコール対応をしているか、または訪問看護ステーションや医療機関と連携してオンコール対応をしている）事業所に比べて、入居者の医療的ニーズに多く対応することができます。特定施設入居者生活介護における医療的ニーズを強化することが求められる中で、看護体制が整備・充実しているのを評価すべきとの観点から、夜勤または宿直の看護職員を1名以上配置している場合（夜間看護体制加算Ⅰ）と、オンコール対応をしている場合（夜間看護体制加算Ⅱ）との評価に差を設けることにしました。

Q 夫と２人、有料老人ホームに転居して悠々自適に過ごそうと話し合い、パンフレットを集め、良いところを見つけました。知人のつてを頼り実際に住んでいる人に話をお聞きしたところ、パンフレットに書かれていることと実際とは随分違っていることがわかり、不安になりました。パンフレットしか情報を得る方法がない場合、どのような点に注意すればよいのでしょうか。

A 　有料老人ホームを選ぶ際に、その目安となるのがパンフレットやホームページなどの表示です。特に遠方の施設への入居を検討する場合には、事前に現地に行くことができず、パンフレットなどの表示や事業者の電話による説明を聞いただけで、入居の契約を決めてしまうこともあるかもしれません。

　しかし、近年、国民生活センター（消費者問題における中核的機関としての役割を果たしている独立行政法人です）などに寄せられる相談の中でも、有料老人ホームの不当表示に関するものが多く、入居を検討する消費者側も、どのような点に注意して検討すべきかを知っておくことが必要になってきています。

　このような状況を受け、景品表示法（不当景品類及び不当表示防止法）の規定に基づいて、「有料老人ホームに関する不当な表示」という告示が制定されています。この告示では、次のような事項が明記されているかどうかを、注意しなければならないポイントとして挙げていますので、参考にしてください（明記されていない場合には、不当な表示であると判断されます）。

① **土地または建物についての表示**

　有料老人ホームの土地または建物は当該有料老人ホームが所有しているものではない場合に、それが明記されているか

② **施設または設備（施設等）についての表示**

　ⓐ　施設等の設置者、設置場所、利用料などが明記されているか

ⓑ 施設等が入居者専用として設置または使用されていない場合に、それが明記されているか

ⓒ 設備の構造や仕様について異なる部分がある場合に、それが明記されているか

③ **居室の利用についての表示**

ⓐ 他の居室への住み替えの可能性や、住み替え後の居室の占有面積、権利の変更、追加費用などが明記されているか

ⓑ 入居者の状況によって、終身にわたる居住などができなくなる可能性がある場合に、それが明記されているか

④ **医療機関との協力関係についての表示**

医療機関との協力関係の内容（医療機関の名称や診療科目、健康診断の回数など）が明記されているか

⑤ **介護サービスについての表示**

ⓐ 入居者に提供される介護サービスの提供について、外部業者に委託しているため、有料老人ホームが直接サービスを提供していない場合に、それが明記されているか

ⓑ 介護保険対象外の介護サービスについての内容や費用が明記されているか

⑥ **介護職員等についての表示**

ⓐ 職員数について、常勤換算方法による介護職員等の人数が明記されているか、また、夜間時間帯に関して介護職員等の人数が最少になる場合の人数が明記されているか

ⓑ 資格を有する介護職員等の数が、常勤・非常勤の別ごとに明記されているか

⑦ **管理費等についての表示**

管理費等、入居者から支払いを受ける費用の内訳が明記されているか

⑨ パンフレットだけで入居を決めない

■ 建物や周辺環境は現地に行かないとわからない

　パンフレットやホームページなどの資料を詳しく検討しても、それだけで有料老人ホームの概要をすべて知ることは困難です。「百聞は一見にしかず」と言われるとおり、実際にホームを見学してパンフレットなどの記載内容との相違点がないかどうかを、本人の目で確認する必要があるでしょう。たとえば、パンフレットに掲載されている写真では真新しく見えた施設の建物が、数年前の写真をそのまま掲載していることから、実際に確かめてみたら老朽化が進んでいた、というケースもよく聞かれます。また、一つの建物をホームと他の施設が共用しているにもかかわらず、パンフレットにはその点が何も明記されていなかった、というケースもあります。

　建物の周辺環境をめぐるトラブルとしては、パンフレットに「緑の多い静かな住宅街に位置する」と記載されているにもかかわらず、現実には交通量の多い高速道路に隣接しており騒音がひどい、ということもあり得ます。

　ホームの職員についても、電話や受付の応対は感じがよくても、入居者に接する職員は感じの悪いタイプの人が多い、ということもあり得るため注意が必要です。入居者が食事をしている時間などをねらって見学に行くと、そのホームの実態がある程度わかると思います。パンフレットなどで比較検討し、候補を数か所に絞った段階で実地見学を行い、その時に疑問点なども解明すれば、後々のトラブルを避けることができます。有料老人ホームは長年にわたって利用される生活の場ですから、トラブルなどがあると

快適な生活は望めません。そのため、自身の健康状態を把握した上で、入居するホームの情報を収集する作業が必要になるのです。

■ 従業員や営業担当者の説明はあてにならないこともある

　有料老人ホームを選択する際に、職員の説明には十分気をつけましょう。特に調子のよすぎる営業担当者などには注意が必要です。何を質問しても「大丈夫です」「ご安心ください」「おまかせください」と答える営業担当者のいるホームよりも、むしろ「○○と△△はできますが、□□はできません」とはっきりと言ってくれる営業担当者の方が、一般的には信頼できます。

　また、有料老人ホームの営業担当者は、営業のプロではあっても介護のプロではありません。ですから、介護に関する詳しい内容はホームの介護職員に直接尋ねます。実地見学に行くと、その段階ですぐに契約を迫る営業担当者がいるかもしれませんが、その強引な口車に乗せられることなく、賢いホーム選びをしなければなりません。数か所のホームを見学し、最も納得のいく1か所を決めるのが理想的な方法ですから、「今日契約しなければ、次の方に回します」といったような営業担当者の言いなりになるのは避けましょう。

　さらに、営業担当者には個人情報を必要最低限の範囲で知らせるようにしましょう。うっかり電話番号や入居希望者本人の氏名などを知らせてしまうと、後からしつこい電話攻撃に遭う、といった弊害もあり得ます。特に本人に知らせず家族が有料老人ホームを探している場合に、営業担当者が直接本人に電話をして話をこじらせてしまう、といったトラブルも予想されます。

■ 公正かつ正確な情報を集めよう

　有料老人ホームを選ぶ際には、公平かつ正確な情報を集めるこ

とを心がけます。パンフレットには長所が誇張されて書かれていることが多いので、できるだけ第三者の観点で記述された情報を収集します。情報収集には、主として以下の方法があります。

① インターネットを活用する

各都道府県のホームページで「医療・福祉」「介護」などのページに進み、有料老人ホームの所在地リストを探します。また、「介護サービス情報公表システム」（https://www.kaigokensaku.mhlw.go.jp/）のページ（厚生労働省が提供）においても、介護施設のさまざまな情報が検索できるようになっています。

② 地方自治体の役所で資料を請求する

地方自治体では、有料老人ホーム一般に関する情報を取り扱っています。入居だけでなく、介護サービスも必要な場合には、介護保険についての情報も入手する必要があります。

ただ、都道府県や市区町村の担当課は、資料の提供をしてくれることはありますが、「ここは悪質なホームですから、やめた方がよいですよ」という具体的な助言はしてくれません。最終的には、本人と家族が目と耳で確認し、入居の判断をしなければなりません。

③ 電話相談や見学を利用する

実際に自分の目で建物を見たり、勤務している人の話を聞いた

● 有料老人ホームについての情報の収集手段

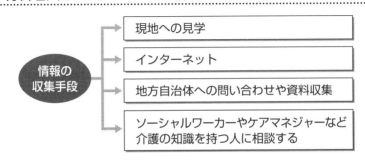

りすることで、より具体的かつ正確な情報を集めることができます。

④　ソーシャルワーカーやケアマネジャーに相談する

　情報収集の際には、社会福祉や介護の専門家であるソーシャルワーカーやケアマネジャーに相談するという方法もあります。

　ただ、彼らは介護や社会福祉に関する一般的な知識や経験は持ち合わせていても、必ずしも有料老人ホームの専門家であるとはいえません。ケアマネジャーにしても、本来の仕事は在宅支援の介護です。したがって、相談する場合であっても、あくまでも参考意見として話を聞く程度にとどめておいた方がよいでしょう。

■ 入居者の状況をチェックする

　近所付き合いが重要なのは、地域で生活するのも、有料老人ホームで生活するのも同じです。高額の入居一時金を支払うことや、同一建物内で生活することなどを考えると、ホーム内での人間関係は、むしろ地域で生活する以上に重要です。本当に気の合う人と出会えるかどうかは、入居してみなければわからないかもしれません。しかし、重要事項説明書から得られる情報や、実地見学に行った際の雰囲気でも、ある程度のことを知ることはできます。たとえば、次のような点をチェックして、入居者の状況を把握しておくべきでしょう。

①　年齢層

　有料老人ホームには、おおむね65歳から100歳以上まで、幅広い年齢層の人が入居できるため、平均年齢だけでなく、どの年齢層の入居者が多いかを知っておくとよいでしょう。

②　要介護度

　健康な状態で入居する場合、他の入居者の要介護度が高いと、一緒にレクリエーションを楽しんだり、クラブ活動をしたりすることができない可能性があります。

③　世帯構成

　単身者が多いか、夫婦世帯が多いか、男女比はどうか、といったことによっても、ホームの雰囲気が違ってきます。

■契約前にこれだけはチェックしておく

　さまざまな方法で情報を集めた結果、「このホームにしよう」と決めたら、最後にもう一度、次のような点をチェックしましょう。

・入居一時金の初期償却率と償却期間、償却期間内に退去した場合の返還額、保全措置の有無、短期解約特例（クーリング・オフ）制度の利用条件
・月額利用料の内訳
・退居や転居の条件
・苦情受付窓口の設置の有無

　ホーム側は、入居を決めてくれそうだと思ったら、「今契約すれば入居一時金を値引きする」「最後の1部屋で、もう1人気に入ってくれている人がいる」などとセールスをかけてくるかもしれませんが、焦って契約するのは要注意です。できれば自分一人で決めず、家族や専門家と一緒にポイントをチェックし直した方がよいでしょう。

● 資料収集する上での注意点

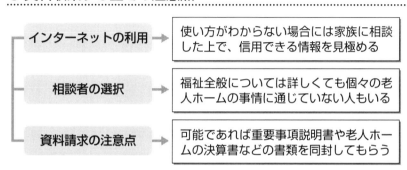

113

本人と家族が一緒に行くのが理想である

契約する前に必ず見学に行く

■ 事前見学は必ず必要

パンフレットを見るだけでは老人ホームの良し悪しはわかりません。老人ホームを選ぶ前には必ず見学に行き、そこの実態をよく把握しておく必要があります。たとえ事前に説明を受けていることや、パンフレットで触れられていることであっても、少しでも疑問を感じた場合は、改めて質問を行うようにしましょう。見学で老人ホームの状況を知るために、以下の点に注意します。

① 見学には本人も連れて行く

入居することになる本人がその老人ホームを気に入らなければ、入居契約は控えなければなりません。また施設の欠点は、なかなか健常者では気づかない所もあります。できる限り、実際に利用者となる人と共に見学を行って、細かくチェックしておきます。

② 家族や保護者と一緒に行く

家族や友達など、複数で見学に行きます。一人では見逃してしまうような所でも、数人でチェックを行うとより多くの事に気づくことができます。

③ 複数の施設を複数回見学に行く

一度だけの訪問では、欠点を見落としてしまう場合もありますし、たとえ同じ老人ホームでも、季節や天候によって少なからず雰囲気が変わってきます。また最近では、施設の規模や料金、サービス内容に至るまで、さまざまな種類の老人ホームがあるので、できるだけたくさんの老人ホームを見学し、選択肢を広げておくことも必要でしょう。

■ 体験入居してみる

　老人ホームを選ぶときにも、第一印象は大切です。見学に行って最初に足を踏み入れたときに感じるものが、後の評価を左右することもあるでしょう。ただ、ホームの人に案内されて歩く表面的な見学だけでは、つかめないこともあります。たとえば時間帯による雰囲気の違いや、天候による違い、一日の流れといったものが挙げられます。老人ホームは長い時間を過ごす生活の場ですから、このようなポイントを知ることが大変重要になるのです。これを知るためには、できれば体験入居のシステムを利用して、実際の生活を体感するのが一番よいでしょう。

　体験入居の制度は、たいていの老人ホームにおいて導入されています。期間は、一泊二日のような短期のものから、2週間程度のものまで、さまざまなタイプがありますので、各老人ホームに問い合わせてみるとよいでしょう。ただし、体験入居には費用がかかります。期間が長くなるほど費用も高くなりますので、その点には注意が必要です。また、体験入居制度は国で定められたものではなく、各介護施設が入居者に対して「独自に」その施設内での生活や提供するサービス内容を知らせる方法のひとつです。そのため、体験入居に関しては介護保険を利用することはできず、自身

● 施設見学をする上での心構え

- ただ施設を眺めるのではなく、入居後の生活をイメージして見学する
- スタッフの表情や入居者の様子も観察する
- 気後れせず、わからないことは質問する
- 将来自分の状態が悪化した時の対応を聞く
- 体験入居の制度があるかについて質問する

で費用を負担しなければならない点も留意しなければなりません。

体験入居の際には、三度の食事や買い物、入浴、日中の過ごし方、深夜の騒音など、これまでの日常と比較して不都合がないかどうか、入居者や職員の雰囲気はどうか、経営者の理念がホームの運営に反映されているかどうかといったことに注意して生活してみてください。

また、体験入居期間中には、家族が実際に本人のもとを訪問してみることも大切です。自宅から老人ホームまでの移動手段やかかる時間などを実際に体感し、負担がないかどうか、よく検討しましょう。ホーム内で過ごす本人の様子をよく観察することも大切です。客観的にみて、居心地よく過ごしているかどうか、サービスや設備に問題はなさそうか、といった点を確認するようにしましょう。

■ 比較検討することが重要である

いくつかの施設を見学したり体験入居したりした後に大切なことは、それらを通して感じた施設の印象、メリット・デメリットなどをメモなどによって残しておくことです。

後日、このメモを確認することで、必要な情報が整理され、各施設の比較検討をすることが可能になります。

めぼしい施設の見学や体験入居をある程度行ったら、これらのメモの内容を頼りに、再度本人と家族の間で話し合いをするようにしましょう。本人やその家族がどうしても譲れない条件はどこにあるのか、逆に、妥協できる条件があるとすればどのような点であるのか、どのような場合であれば妥協ができるのか、などといったことを、細かな部分までよく検討し直してみるようにしましょう。

理想としていた施設と現実が大きく異なっていたような場合には、希望する条件の一つひとつに優先順位をつけていくことも大切な作業になります。こうした作業を重ねていくことで、当初は

116

気づいていなかった本人や家族のニーズに気がつくことができ、各老人ホームの特徴を再確認することにもつながります。より自分たちに適した施設を見つけるためには、こうした比較検討をすることが欠かせない作業になるといえるでしょう。

見学に行く際にはここをチェックする

実際に老人ホームへ行く際には、周辺の状況もよく調べておきましょう。主な注意点としては以下のようなことがあります。

① 周辺の環境

老人ホーム周辺の環境は重要なチェックポイントです。周囲に不快な騒音がしていないか、施設が不衛生な環境の中に建っていないかということを確認しておきましょう。

② 近場の病院

老人ホームは医療行為は行えません。そのため、近隣の病院と提携関係を結んでおり、万が一急病人が出た場合には、その提携先の病院で治療を受けることになります。

なお、有料老人ホームの届出を都道府県に提出している施設で

● 老人ホーム入居までの流れ

自分の健康状態を把握し、家族に相談する → どのような設備・サービスが必要か見当をつける → 老人ホームの資料を請求し、施設やサービスを理解する → 入居予定の施設の見学や体験入居 → 相談・比較検討した上で入居する施設を決める → 入居契約をする → 入居する

あれば、協力医療機関が決まっています。見学の前には、このような老人ホームと提携している病院の調査も必ず行っておくようにしましょう。病院に関するチェックポイントとしては、病院の設備や評判はどうなっているか、希望する治療が行われているか、夜間の診療は受け付けているかといったことが挙げられます。

③　交通機関や立地条件

　利用者が入居した後は、定期的に家族が訪問することになります。また、健康な状態で入居するのであれば、時には外出もするでしょうし、ちょっとした買い物に出かけたいということもあるでしょう。そのため、その老人ホームが電車やバスなどの交通機関を利用しやすい環境にあるか、近くにスーパーや商店があり、買い物を行いやすい場所であるか、坂道や階段が多くないか、シャトルバスなどの運行があるか、といったことについてチェックしておきます。

■ 建物をチェックする

　立地や周辺環境をチェックしたら、次は建物に目を向けましょう。内装やインテリアといったものが好みに合うかどうかも重要ですし、耐震構造になっているか、非常口などの位置はどうかといった基本的なことは当然確認しておかなければなりません。

　さらに、高齢になるとほんのわずかな段差や通路の広さ、浴室や食堂から、居室までの距離といったことが、移動の障害になることがあります。自分の目で気になる点を確認する他、車いすやつえの人が気軽に廊下を歩いているかといった点にも注意してください。

■ 食事のチェックはとても大切

　毎日の食事は、生きるために必要な要素であると共に、大事な楽しみのひとつでもあります。食事が口に合わなかったり、ゆっ

たり落ち着いて食べられる雰囲気ではないといった問題があると、どうしてもそこでの生活は苦痛になってきますので、必ず事前にチェックしておきましょう。

　老人ホームの食事を体験するためには、できるだけ昼食や夕食などが重なる時間帯に見学を行うか、体験入居をすることです。老人ホームでの食事は、普通食だけではなく、きざみ食、流動食、糖尿病・高血圧などの病気対応食というように、入居者に合わせられたものもあるので、実際に試食して味と臭いを確認しておくのがよいでしょう。中には見学者用に特別食を提供するところもありますが、できれば入居者と同じ食事を体験できるよう、要望しておきましょう。

　食事がどこで作られているかも、重要なチェックポイントです。内部にレストランを併設し、好きなものを注文して食べられるというところもありますが、残念ながら少数です。厨房を持ち、専属の調理師が毎日調理しているのであれば、ある程度好き嫌いなどにも対応してもらえますが、中には外部の業者に発注し、配達してもらっているだけというところもあります。このような場合、個々の好みに合わせてもらうのは難しいでしょう。

　また、食事にかかる料金も調べておきましょう。「食べた分だけ払う」という実費制のところも多いのですが、中には当日キャンセルは料金が必要、月額の食事料金が決まっていて食べた回数に関係なく徴収されるなどといったところもあります。その他、食事の際にチェックしておくことは、入居者が食事をしっかり食べているかどうかという点です。食事のペースは人それぞれですが、高齢者や体が不自由な人の場合は、食べることに時間もかかってしまいます。まだ食べ終わっていないのに、食事の時間が過ぎたからといって、料理を下げるなどの行為が行われていては大変です。また、入居者の中には、一人では安全に食事を摂れな

い人もいます。そのような入居者に対しては、スタッフがしっかりと食事の補助や見守りを行って、安全に食事が摂れているかについての確認もしておきましょう。

◼️損害保険に加入しているか

　老人ホームでは、普通に歩いているだけでもつまづいて骨折したり、食事をのどに詰まらせるといった事故が起こりやすいことは否めません。地域で暮らしているときはそのような事故も本人や家族の責任になりますが、ホームで起こった場合はホーム側の責任が問われることになります。また、大事な思い出の品や高価な所持品を、職員が掃除の途中で壊してしまったというような事故が起こることもあります。

　ホームが起こした事故は、損害賠償という形で責任を負うことになるわけですが、その額が高額になると、ホームの経営に支障をきたすことにもなりかねません。このような事態に備え、有料老人ホーム向けの損害保険を取り扱っている保険会社もありますので、加入の有無を確認してみましょう。

● 損害保険への加入状況のチェック

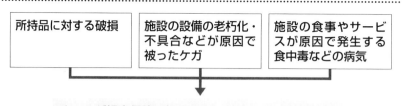

| 所持品に対する破損 | 施設の設備の老朽化・不具合などが原因で被ったケガ | 施設の食事やサービスが原因で発生する食中毒などの病気 |

ホームが損害保険に加入していないと十分な保障が得られない可能性がある

施設の見学時や情報収集の際に、ホームの損害保険の加入状況についても聞いておくのがよい

11 今後の生活を想定してチェックする

施設内のチェックポイントを把握する

■ 最高責任者や管理者がどんな人物なのか見極める

　そのホームが利用者を大事にするところか、利益優先のところかといったことを知るためには、最高責任者や管理者の人物を見極めることが必要になります。まずは誰が最高責任者であるのかを調べましょう。施設長や支配人と呼ばれる人が最高責任者だと思うかもしれませんが、実は施設長や支配人は現場を統括する部長のような立場で、その上に全体を指揮する常務や専務のような立場の人がいる可能性があります。そのホームがよりよいホームになろうとしているかどうかは、最高責任者の熱意や信条、リーダーシップ、指導力といったものに左右されますので、できれば直接顔を合わせ、話をしてみてください。

　現場を統括する施設長や支配人がどんな人物かももちろん重要です。最高責任者がどんなに高い理想を持っていても、施設長や支配人がそれを理解していなかったり、コミュニケーション能力不足だったりすると施設のサービスに反映されません。施設長や支配人が現場に出て入居者や職員と話をしているか、介護に対する理解があるかといったこともチェックしておきましょう。

■ 施設長やスタッフの雰囲気はどうか

　施設長とは、老人ホームの運営や管理を行う責任者です。見学の際には、ぜひ施設長と直接会話をして、施設長の人柄や、介護に対する考え方を確認しておきます。施設長としての勤続年数や、福祉業界にどれほど精通しているのかも入居する上での重要な判

断ポイントとなります。

　また、実際老人ホームで入居者の生活を支えているのは施設に勤めるスタッフです。よい老人ホームであるかどうかは、彼らの仕事ぶりや入居者への対応が大きく影響することになります。そのため、スタッフの雰囲気や表情にも注目するとよいでしょう。

■ 職員の資格取得や離職率なども確認しておこう

　入居者が最も頼りにするのは、介護などを行う職員です。信頼に足る人かどうかを知るためには、ある程度の時間が必要ですが、中にはスタッフが次々に入れかわるホームもあります。

　介護職は肉体的・精神的にも厳しい面があり、離職率の高い仕事と言われていますが、その一方で「人の役に立ちたい」という思いの強い人も多く、働く環境さえ整っていれば長く勤めたいという人も大勢います。つまり、離職率の高いホームは職員の働く環境を改善しようとしない、問題があるホームという判断ができるわけです。職員が生き生きと働けないホームでは、入居者も安心して命を預けることはできませんから、この点も必ず確認しておいてください。また、介護が必要な状態になると、介護福祉士や機能訓練士などの配置人数も重要な要素となります。これらの点は重要事項説明書（138、224ページ）に記載されていますので、チェックしておきましょう。

■ 施設全体の雰囲気や環境はどうか

　老人ホームの雰囲気や環境は、実際に見学しなければわからないものです。特に需要なチェックポイントは、施設が安全であるかということと、衛生面で問題がないかということです。老人ホームなのですから、当然バリアフリーなどの、高齢者や体が不自由な人に配慮された構造になっていなければなりません。

ホームの雰囲気については、入居者の様子もしっかりと観察をしておきます。また、老人ホームでの人間関係は、入居後の生活に大きな影響を与えることになりますので、可能であれば同室者と面会し、入居者に老人ホームの住み心地を尋ねておきましょう。

　なお、老人ホームによっては、お酒やタバコなどの嗜好品を持ち込みが禁止されている場合があります。施設の環境が利用者のライフスタイルに合うかどうかの確認も忘れずに行いましょう。施設の管理規程やサービス一覧表を手元において見学するとより効果的です。

■ 居室のチェックをする

　居室は最も長い時間を過ごすことになる場所ですから、細かいところもよく調べておく必要があります。ホームによっては、見学用としてモデルの居室に案内される場合もありますが、実際使われている部屋を確認させてもらうようにしましょう。居室の見学の際には、主に以下のようなことに注意します。

● 入居契約前に確認しておくこと

☐　入居契約書
☐　重要事項説明書
☐　老人ホームの管理規程
☐　施設の料金表
☐　介護保険サービスの一覧表と利用契約書
☐　ホームの経営状態を示す決算書
☐　施設長や支配人の熱意・指導力・人間性
☐　スタッフの雰囲気・離職状況
☐　居室・浴室・共用施設の広さや設備
☐　売店やゲストルームの有無

① 居室の広さ

　日常生活に不便しない程度の広さであるかどうかを確認しておきます。特に古い老人ホームでは、現在の基準以下の広さしかない場合もあります。たとえ今健康な方でも、将来車椅子を利用することになる可能性もあります。それらを踏まえて、充分な広さが確保できているかは重要なチェックポイントとなります。

② 居室の日当たりや清潔さ

　特に間取だけではわからないのが部屋の日当たりのよさや雰囲気です。スタッフがこまめに清掃を行って清潔感が保たれているかを必ず確認しておきます。また、居室の雰囲気も大切です。よくない雰囲気の部屋は、入居した後の生活も暗いものになってしまいます。なお、中には数人で一部屋を利用する老人ホームもありますが、その場合には、同居が予想される人の人柄も確認しておきましょう。

③ 希望している設備がそろっているか

　トイレや洗面台など、間取で確認したとおりの設備が整っているか、その他、テーブルや椅子、ナースコールなどの日々の生活に必要な設備がそろっているかどうかを確認します。実際入居する人が部屋を使い、使い心地をチェックしておくことも重要です。不自由な点や問題点がある場合に、それをホーム側が改善してくれるかどうかも確認しておきましょう。

④ 家具等の持ち込みができるかどうか

　家具や電化製品など、一定のものについては居室に持ち込みができない可能性があります。たとえば収納棚などは、備え付けのもののみ利用が許されている場合があります。また、電化製品は、火災防止の観点から、持ち込みが禁止されている場合があります。何が持ち込めて何が持ち込めないのか、条件を確認しておく必要があります。

⑤　居室を移動する可能性があるか

　ホームによっては、介護度が上がると居室を移らなければならない場合もあります。居室移動によって受けられるサービスや費用が大きく変わることもありますから、よく内容を確認しておきましょう。

■ 廊下やお風呂をチェックする

　廊下は雰囲気や清潔感も確認することはもちろん、特に注意したいのが、廊下の幅が充分取られているかということです。老人ホームでは車椅子の利用者も多くいるのが通常ですので、車椅子ですれ違うことができる程度の幅であることが必要です。

　また、廊下に曲がり角が多かったり、開き戸が多かったりすると、壁や戸などが障害物となり、車椅子では移動しづらい場合もあります。車椅子で移動する利用者のことも考えた環境づくりをしているかどうかという点も、重要なチェック項目になるでしょう。

　老人ホームの浴槽には、一般的な浴槽である個別浴槽と、機械浴槽（介護が必要な人専門の浴槽）があります。ホームでより過ごしやすい生活を過ごすためには、個別浴槽がどれだけ設置されているかを調べます。また、たとえ個室に浴槽が設置されていたとしても、スタッフ不足や使い勝手の悪さから、実際には利用されない場合もあるので、浴槽が継続して使用されているかについても注意しましょう。その他、適切な入浴介助を行ってくれるか、入浴の回数、指定時間外の入浴の可否を調べておくことも重要です。なお、共用の浴槽は、さまざまな入居者が使用することになりますから、衛生面がしっかりと管理されていることが健康的な生活を送るための大前提の条件となります。見た目の清潔さを確認するだけでなく、嫌なにおいが発生していないかなど、細かな部分までよくチェックするようにしましょう。

共用施設をチェックする

　リビングや食堂などの共用施設の広さや清潔さ、明るさ、温度や湿度などをチェックし、快適な状態が保たれているかを調べておきます。共用施設で定期的にレクリエーションを行っている場合、そのときに見学させてもらえば実際の使い勝手などがわかりますし、入居者の雰囲気も知ることができます。

　階段の手すりや施設内に設置されているエレベーターもよく見ておきましょう。階段については、段差が高すぎないか、階段以外の廊下にも手すりなどが設置されているかを確認します。手すりを使った場合の移動ルートもしっかり確保できていなければなりません。

　エレベーターについてはストレッチャーが収まるくらいの充分な広さが確保されているかが重要なチェック項目です。また、車椅子を利用する場合は何台ほど乗れるのか、車椅子の状態でも不自由なく利用できるかということも確認しておきましょう。

　車椅子を利用する際に不便がないよう、必要な部分にスロープが設置されているかという点も、非常に重要な項目になります。どのような身体状況になっても、日常生活上の移動がスムーズに行えることが、安全・快適に生活するためのポイントになるといえます。

共用施設をレクレーションなどに利用できるか

　有料老人ホームでの生活の楽しみのひとつに、他の入居者と共に過ごす余暇の時間があります。元気な間はホームの外に出て、習い事をしたり旅行に行ったりということも楽しめますが、足腰が弱ってきたり、介護が必要な状態になってくると、そのようなこともなかなかできなくなってしまいます。その点、有料老人ホームの中には、ホーム内でクラブ活動やレクリエーションを提供したり、入居者同士で趣味の会をするといったことをしているところもたくさんあります。

老人ホームで行われるレクリエーションにおいては、入居者・利用者の状態に応じて、認知症の方も参加可能であるものや、比較的自立度が高い方向けに、積極的に身体を動かすような内容のものなど、さまざまなバリエーションが考えられ、施設ごとに特色あるレクリエーションが行われています。

　また、レクリエーションを行うことで、身体機能の維持・向上を期待することもできます。高齢者が積極的に身体を動かすレクリエーションに参加することで、不足しがちな運動量を、自然な形で補うことができます。さらに、レクリエーションを通して、老人ホームの他の入居者等とコミュニケーションを図ることで、老人ホームにおいて社会性ある、円滑な生活を送ることが可能になります。共用施設の中に娯楽ルームや和室、作業室、運動ルームなどがあるか、カラオケや楽器、囲碁、将棋、マージャンなどの設備が提供されているかどうか、参加費用はどの程度かかるのかといったことをチェックしておいてください。

■ 売店などがあるか

　日常生活を営んでいく上で必要なものをすぐに手に入れられるかどうかも、チェックしておきたいポイントです。ホーム内に病院や駅の売店のような場所があれば便利ですが、どうしても価格が高めになってしまうようですので、品ぞろえや価格も見ておきましょう。歩いて行けるところにコンビニやスーパーがあるか、買い物支援などのサービスがあるか、配達注文をできるようなところがあるかといったことも、調べておくとよいでしょう。

■ ゲストルーム、外出・外泊、面会時間について

　家庭の事情などから、家族と遠く離れた場所の有料老人ホームを選ぶ場合、ゲストルームや来客用駐車場などの設備があるか

うかもチェックしておきましょう。入居者の居室に十分な広さがあればよいのですが、たいていの老人ホームは単身者用か夫婦用で、余分な布団などを置いておくスペースもあまりありません。ゲストルームがある方が、お互いに落ち着いて過ごせるでしょう。

　ゲストルームがある場合は、その利用方法や料金、食事サービスを受けられるかどうかといったことも確認しておいてください。

　また、面会する時間や曜日に制限があるかどうか、外出や外泊をする場合にどのような手続きが必要になるのか、といった点についても合わせて確認しておくとよいでしょう。

　まず面会時間についてですが、多くの老人ホームでは、あらかじめ面会可能な時間を設定しています。施設ごとに定められたきまりを確認して、時間等を守れば、原則として自由に面会を行うことが可能です。もっとも、老人ホームで定められている食事・入浴時間等においては、ホームの職員がもっとも忙しい時間帯ですので、これらの時間帯を避けた方がスムーズに面会することができると思われます。

　また、老人ホームでは外出を制限しているところはほとんどなく、原則として自由に外出することが可能です。もっとも、時間は無制限ではなく、たとえば外出時間について、午前9時から午後7時までというように、外出時間に制限が設定されていることがほとんどですので、老人ホームごとに設定されている外出時間をあらかじめ確認しておく必要があります。

　なお、入居者の健康状態等によっては、外出制限が行われる場合もあります。特に認知症を患っている入所者は、外出が禁止されていたり、家族・職員が同伴していなければ、外出できないルールにしている、という老人ホームが多く見られます。

　外泊についても、具体的な基準は老人ホームごとに異なりますが、回数等のルールを守ることで、比較的自由に外泊できます。

12 具体的な医療・介護体制の確認をする

提携医療機関などのチェックはとても大切である

■ どんなことをチェックすればよいのか

有料老人ホームの多くは、「医療機関と提携」「看護師を常駐」「診療所併設」など、何らかの形で医療体制を充実させているとPRしています。ただ、その内容はホームによってかなり違いますので、具体的な内容を確認するようにしてください。たとえば次のような点がチェックすべきポイントとなります。

① **提携医療機関の所在地や診療科目、評判など**

地域で生活しているときは、近所の評判を聞くなどしてかかりつけの医師を決めます。有料老人ホームに入居するにしても同様です。ただ医療機関と提携しているというだけで安心せず、できれば直接医療機関へ行ってどんなところなのかを確認してみましょう。特に眼科や歯科、整形外科などの診療科目があるかどうか、患者の数はどの程度かといったことは知っておくべきです。

② **提携医療機関の具体的な協力内容**

「提携」「協力」と謳っていても、ただ単にけがや病気のときに連れていくだけということもあり得ます。定期的な健康診断などを実施しているのか、夜間対応や優先的な緊急対応の有無といった協力内容についても確認しておきましょう。

③ **提携医療機関以外の病院への通院手段**

提携病院への通院であれば無料で付き添うが、別のかかりつけ医に行く場合は有料になる、健康保険が使えない、検査項目が決まっているからと必要のない検査をされ、高額の検査料を請求されるといったこともあります。

129

ホーム入居前からみてもらっているかかりつけ医があり、そこへの通院を続けたいという場合、付き添いを頼めるか、費用はどれくらいかかるのかといったことを確認しましょう。提携医療機関への付き添いはするが、他の病院へは家族が付き添わなければならないというホームもありますので、注意が必要です。

④　看護師の勤務状況

糖尿病のインシュリン注射や胃ろう、たんの吸引などの医療行為を業として行うことができるのは、看護師などの医療有資格者だけです。このため、看護師の勤務体制は確認しておかなければなりません。書類上は入居者３人につき１人の看護師となっていても、それはあくまで常勤換算された人数であり、24時間体制でその配置になっているわけではありません。平日日中は常駐していても、夜間や休日は不在というところが一般的ですから、不在時の対応がどうなっているのかといった点についても把握しておきましょう。

■ 認知症になった場合のケアについて確認する

高齢になれば、認知症を発症してしまう可能性は誰にでもあります。そこで、認知症を発症してしまった場合に、当該老人ホームでどのようなケアを受けることができるのか、前もって確認しておくことは非常に重要になります。

介護サービスを提供している老人ホームであれば、通常は認知症を発症したとしても、そのまま施設に住み続けることが可能です。ただし、認知症のケアには人手が必要であり、また、専門的な知識も必要です。そのため、各ホームによって受けられるケアの質は大きく異なることになります。

認知症患者の安全を確保するためには、職員による日常生活の見守りが十分に行き届いている必要があります。見守りのために、どれぐらいの人員を確保しているのか、施設側に確認するように

しましょう。

　また、夜間に対応する職員の職種・人数を確認しておくことも重要です。ホームによっては、認知症患者とそれ以外の入居者の居室の場所や設備を分けていることもあります。認知症を発症し、居室等が変更されると、受けられるサービスの内容や費用が変化する場合もありますので、こうした点にも注意が必要です。

　なお、認知症の周辺症状（BPSD）の種類や程度によっては、住み替えが必要になる場合もあります。たとえば、職員や他の入居者に対して暴言を吐く、暴力をふるう、職員の言うことを全く聞かず介護拒否をする、というような場合には、施設側の退去条件に該当し、退去を迫られる場合があります。

　重要事項説明書に記載されている退去事由をよく確認し、どの

● 提携医療機関のチェック

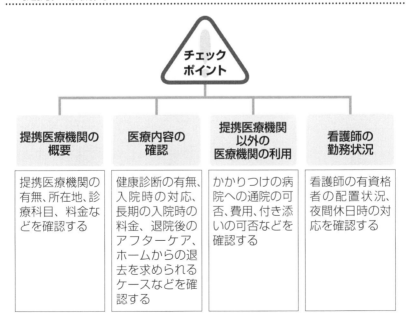

チェックポイント			
提携医療機関の概要	医療内容の確認	提携医療機関以外の医療機関の利用	看護師の勤務状況
提携医療機関の有無、所在地、診療科目、料金などを確認する	健康診断の有無、入院時の対応、長期の入院時の料金、退院後のアフターケア、ホームからの退去を求められるケースなどを確認する	かかりつけの病院への通院の可否、費用、付き添いの可否などを確認する	看護師の有資格者の配置状況、夜間休日時の対応を確認する

ような場合に退去する可能性があるのか、よく確認するようにしましょう。また、実際に退去することになった前例がある場合には、どのようなケースであったのか、具体的な情報をホームに直接問い合わせてみるとよいでしょう。

■ どんな介護サービスが受けられるのかも確認する

　有料老人ホームで介護サービスを受けることになった場合、介護保険（164ページ）をどのような形で利用できるのかを知っておく必要があります。ホームで提供される介護サービスであれば何でも介護保険が適用されるかというと、そうではないからです。

　まず、介護保険が適用される介護サービスには、食事介助や入浴介助、排せつ介助などを行う身体介護サービスと、掃除、洗濯、買い物などを行う生活援助サービスがあります。これらのサービスを、要介護度に応じた月額利用料の範囲内で利用することができます。特定施設の認定を受けた介護付き有料老人ホームの場合、ホームの職員が提供するこれらのサービスに介護保険を利用することができますが、それ以外の老人ホームの場合は外部の業者と契約をして介護サービスを受ける必要があります。

　介護保険の月額利用料の範囲を超えて介護サービスを利用したり、介護保険適用外のサービス、たとえば旅行などの付き添いといったものを利用すると、その費用は全額自己負担となりますので、1回の利用につきいくらかかるのかといったことを確認しておきましょう。

　また、要介護度が重くなったり、認知症の症状が進んで他の入居者に暴力をふるうなど、共同生活を送ることが難しい状態になった場合、系列のホームに転居を求められたり、退居しなければならないというホームもあります。要介護度が重くなってからの転居は容易ではありませんので、必ずチェックしておいてください。

13 メリハリのある日常を送れるよう工夫されている

老人ホームでの1日のスケジュールを知っておこう

■タイムテーブルに沿って具体例で見てみよう

　有料老人ホームに入居すると、1日の過ごし方はどのような感じなのでしょうか。もちろんその内容はホームによってかなり違ってきますが、一般的な流れはおおむね次のような形になっているようです。

6：00	起床
7：00	朝食
9：00	バイタルチェック
10：00	体操、レクリエーション、入浴など
12：00	昼食
14：00	クラブ活動、レクリエーションなど
15：00	おやつ
18：00	夕食
21：00	就寝準備

① 起床

　一応の起床時間はあるようですが、有料老人ホームの場合、無理に起こすようなことはしません。ただ、起床時の着がえや洗顔といった行為について手伝いが必要な人もいますので、ある程度時間を決めて職員が居室を回るということは行われています。この他、起床時には水分補給、排せつ介助といったことが行われます。

133

② 朝食・昼食・夕食

食事は食堂で集まって取るところが多いようです。一斉に食べ始めるところもありますが、提供開始時間と提供終了時間だけを決めて、準備のできた人から集まってきて食事をするというところもあります。食事については、持病の有無や身体機能の状態などを考慮して、それぞれに合ったものが用意されるようになっており、必要な人には職員が介助をしてくれます。

③ バイタルチェック

入浴やレクリエーションの前に、看護師が体温測定や血圧測定などのバイタルチェックを行い、身体状態を確認します。

④ 入浴、体操など

入浴は曜日や時間帯を決めて昼間に行っているところが多いようです。この他、日中の過ごし方として、認知症予防のクイズや体操などを行うホームもあります。参加は強制しない場合も多く、部屋に戻って自分の時間を過ごしたり、ロビーで入居者同士おしゃべりを楽しんだりすることもできます。

⑤ クラブ活動、レクリエーション

クラブ活動やレクリエーションを積極的に行っているホームもたくさんあります。内容はホームによってさまざまで、入居者同士で社交ダンスやカラオケを楽しんだり、講師を招いて絵画や陶芸の教室を開いたりするところもあります。

⑥ おやつ

食事の他に、おやつタイムを設けているところもあります。甘いものが好きではないという人もいるので、水分補給だけして、おやつを食べるかどうかは本人の意思に任せるという場合もあります。

⑦ 就寝準備

有料老人ホームの場合、ほとんどが個室だということもあり、就寝時間などは特に決めていないというところも多いようです。

ただ、共用スペースの消灯時間などは決められている場合があります。

　このときも、着がえや排せつなどに介助が必要な人に対しては、職員が巡回して手伝いをします。

　このように、有料老人ホームでは、できるだけ入居者が部屋に閉じこもることがないよう、食事のたびに食堂に来てもらったり、体を動かす機会を作るためにレクリエーションを用意するなどの工夫をしています。ただ、参加を無理強いするようなことはなく、比較的自由に過ごすことが認められています。

　介護が必要な状態になると、職員体制などの問題で、入浴や排せつなどを自分のタイミングでできない場合があります。このような点に関しても、事前に確認しておくとよいでしょう。

　この他、月に数回は施設の外に出かける遠足や、誕生会、ひなまつりやクリスマスといった季節ごとの行事、音楽療法、ドッグセラピーといったイベントが企画、実行されています。

● 有料老人ホームでの過ごし方

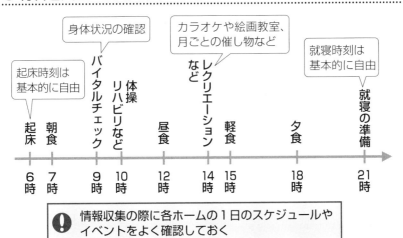

14 契約段階から施設入所前に チェックしておくこと

身元引受人の選定やケアプラン作成、引越し準備などがある

■契約段階では身元引受人が必要

いざ施設への居住地の住み替えが決定した場合、まず必要になるのは「身元引受人」です。身元引受人とは、入居者と部屋の貸主、つまり施設側との間を取り持つ連絡調整係のことです。

たとえば、入居者が病気になった場合やケガをした際の緊急連絡を行います。また、加齢や認知症などにより利用者自身の判断力が衰え、何らかの対応が必要になった場合に代理人として対応を決定する役割も担います。さらに、利用者が死亡した際の退去にまつわる各種手続きや遺品などの引き受け、または未払いとなっている家賃や各種利用料などの費用の連帯責任を負います。

連帯責任については、利用者の生存時に何らかの事情で支払ができなくなった場合にも負うことになります。

このように、身元引受人は利用者とその家族において非常に重要な役割を持ちます。多くのケースにおいては、この身元引受人は利用者の親族が担いますが、同時に連帯保証人としての役割も果たす必要がある場合は、支払いが滞った場合の支払能力がある者が引き受けることになります。ただし、施設によっては身元引受人の要件が定められている場合があるため、注意が必要です。たとえば、親族の範囲や年齢などの要件が挙げられますが、事情は施設によって異なるため、事前に確認しておかなければなりません。

■ケアプランを立てる際の注意点

ケアプランとは、介護保険の要支援者や要介護者の心身の状況

や生活環境などを基に、利用する介護サービスの内容などを決める計画のことです。ケアプランのうち、在宅サービスについてのケアプランを居宅サービス計画といい、施設サービスの場合には施設サービス計画といいます。入居する有料老人ホームが介護保険の特定施設でもある場合、「特定施設入居者生活介護」のサービスを受けることができるため、「居宅サービス計画」を基に利用することになります。ケアプランを立てる際の注意点としては、まず作成を担うケアマネジャーに丸投げをしてはいけません。必ず、利用者本人や家族の希望を伝え、反映してもらいます。また、実際のサービス内容を入念にチェックすることも必要です。さらに、状況に応じて必要になるサービス内容は変化するものです。必ず定期的にケアプランの見直しを行う方法が有効となります。

■ 入居日前までにしておくこと

入居日が決定したら、準備は早めを心がけましょう。まず、入居先の部屋の規模を確認し、持ち物を選定します。サービス付高齢者向け住宅などの高齢者向けの部屋へ入居する場合は、通常の引っ越し同様に家具なども用意する必要があります。一方、公共の介護施設の場合は家具などの持ち込みはできません。事前に入居先へ持ち物についての確認を行う方法が効果的です。入居の際の荷物が多い場合などは、引越し業者に見積りをとり、依頼する方法もあります。

さらに、居住地が変更することにより必要になる各種手続きを行わなければなりません。健康保険、介護保険、後期高齢者医療制度などの社会保障制度の手続きに加え、住民票の変更なども必要です。施設利用料の支払方法も決定しておき、口座開設が必要な場合は早急に手続きを行う必要があります。

必ず自分たちで記載内容を読み込むことが重要である

■ なぜ重要事項説明書をチェックするのか

　ある程度入居したい有料老人ホームを絞り込んだら、さらに詳細な情報を得るために入手したいものがあります。それが重要事項説明書です。重要事項説明書とは、サービスを提供する事業者の概要や提供されるサービスの内容、職員体制、建物の概要、利用料金など、入居を決める上で重要な情報をまとめている書類です。

　有料老人ホームは、それぞれの施設において、必ず重要事項説明書を作成しなければならないことになっています。また、契約を締結する際には、必ず入居希望者に重要事項説明書を交付し、記載内容を口頭で十分説明しなければならないことになっています。

　なお、入居を検討している段階であっても、重要事項説明書を閲覧させてもらうことや、見本を交付してもらうことは可能です。なるべく早めに取り寄せて、複数の施設を比較検討する際の判断材料にするとよいでしょう。中には入居を検討している段階では、重要事項説明書を見せたがらない施設もあるかもしれませんが、そのような対応はよいものとはいえません。各施設の重要事項証明書は、各都道府県のホームページなどで公開していますので、施設側が閲覧・交付を渋る場合には自分で調べることも可能です。

　入居者は、入居契約を締結する際に、契約書と共に重要事項説明書にもサインをすることになります。このとき、記載内容を十分読み込むことなく、安易にサインをするのは非常に危険な行為です。書面にサインをすると、その記載内容に同意したことになるからです。後から「思っていたのと違った」と訴えたとしても、

重要事項説明書に記載されている内容については、既に同意していることになるため、原則としてホーム側に責任が発生しないことになるのです。

　重要事項説明書を読むのは面倒であると感じる人も多いでしょう。しかし、後から思い悩むような事態が発生しないよう、必ず本人や家族が前もって目を通すようにしましょう。

■ どんな重要事項説明書が安心なのか

　重要事項説明書の記載内容を読み込むためには、かなりの労力と時間を要します。しかし、ほとんどの施設の重要事項説明書は、厚生労働省が公表している様式（ひな形）に沿って記載されているため、各施設の記載内容を比較しやすく、記載内容をざっと見ただけでも、信頼のおけるホームであるかどうかを、ある程度は推測することができます。ポイントとなるのは「どれだけ詳細な情報を記載しているか」ということです。詳細な情報を記載しているほど、情報提供を徹底しているホームであると一応考えることができるからです。たとえば、入居時や入居後に支払うことになる利用料金は、入居者の置かれている状況や、希望するサービスなどによって変化するものです。入居者の保険適応の有無や要介護度、本人の要望などによって大きく異なります。したがって、さまざまな入居者の状況などを想定し、場合分けをして利用料金を記載しているホームは、それだけ透明性のある利用料金を設定していると捉えることができます。

　また、各種サービスを受けるための条件（曜日や時間帯など）を細かく記載している施設ほど、情報開示の意識が高く、入居者を大切にしている施設であると一応判断できるでしょう。重要事項説明書の記載の少ない施設が、必ずしも対応の悪い施設というわけではありませんが、判断材料のひとつとして考えておくとよいでしょう。

16 入居後にできること・しなければならないこととは

面会やトラブル対処などを施設と連携して行う必要がある

■ 入居後にできることはいろいろある

　実際に入居を済ませた場合、入所者はもちろんこれまで介護を続けてきた家族の生活ががらりと変わります。介護生活は、精神・肉体共にかなりの疲労を伴うものです。要介護者が入所することで、ある種の開放感を伴うと同時に、施設介護に対する後ろめたい気持ちを抱える場合があるかもしれません。しかし、後ろめたさを感じる必要はなく、家族のために介護の専門家へ任せたという気持ちを保つよう心がけましょう。入居後に家族ができることとしては、たとえば面会や電話、メールや手紙などで入所者と定期的にコンタクトをとる方法があります。また、施設のスタッフと積極的に関係を築くことも重要です。

■ 家族が交代で定期的に面会するなどの工夫が必要

　施設介護を選択するにあたり、面会はもっとも重要な行為のひとつといえるでしょう。たとえ何不自由ない生活を送っているとしても、入所者にとっては毎日が新しいことばかりで、慣れるまでには心が休まらない状態が続きます。中には、体調不良となる場合や、認知症が悪化するなどのケースも見られます。

　このように入所間もない時期には、特に頻繁に面会に訪れる方法が効果的です。入所者は、見慣れた家族の顔を見るだけでも安心するものです。口では「大したことはない」と言っていても、内心は不安感にさいなまれている場合もあります。スタッフとも連携を取り、入所者の実態を知ることが、安心して施設生活を送

るための第一歩です。また、入所者本人だけではなく、ベッド周りやトイレなどの設備、スタッフの対応、提供されるサービス内容も定期的に確認しましょう。

入居者の家族同士の集まりに参加する

介護施設にも懇談会や家族会などが実施されています。

これらの集まりに参加することで、施設の方針や入居している家族の状況、施設内スタッフの対応方法や今後行っていく取り組みなどについての情報を入手することができます。また、入居者本人や家族にも発言の機会が設けられている場合が多いため、普段なかなか聞けない内容や疑問に思っていること、会の中で不明に思った点などを質問することが可能です。意見がない場合でも、挨拶をはじめ日頃の対応に対する感謝の言葉、雑談などで施設側とコミュニケーションを取ることができます。

したがって、懇談会や家族会、夏祭りなど、季節ならではイベントには、入居者のためにも積極的に参加をする方法が非常に効果的です。介護は人と人とのつながりが非常に重要性を帯びる現場です。入居者の家族が顔を出し会話を交わすことで施設内スタッフとの関係が良好となり、入居者に対する気持ちのよいサービス提供につながります。

また、入居者の家族同士が交流を深める場でもあるため、他の家族の様子やさまざまな状況に対する対応方法などを知ることができます。悩んでいることや不安に思っていることを吐き出すことのできる相手を得ることで、入居者の家族が抱える精神的ストレスが解消される可能性もあります。

面会にはルールやマナーがある

面会をする際には、施設で定められた決まりは厳守し、不特定

多数の人間が同居していることを常に心がけなければなりません。ルールを破ることで他の入所者やスタッフに迷惑がかかります。

　また、共用スペースや廊下などでは、長居や長話は控えましょう。その他、抵抗力の弱い高齢者が入所している可能性を考え、面会者が体調不良の際にはマスクや消毒、心配な場合には日程変更などの対策をとらなければなりません。

■ さまざまな問題にどう対処する

　時には、面会に訪れた家族に対して、入居者が「早く家に帰りたい」と申し出る場合があります。入居者がこのような話をするケースにはさまざまな原因が考えられるため、詳しく話を聞く必要があります。

　まず、まだ入所したての場合や、家や家族が恋しくなっている場合は、顔を出す回数を増やす方法や、「次は〇日に来るからね」と具体的な日付を決めて安心させる方法があります。一方、単なる寂しさではなく施設側の対応や人間関係が理由となる場合もあります。共同生活には、もめごとがつきものです。スタッフや他の入所者とのコミュニケーションがとれないケースやトラブルが生じているケースが発覚した際には、まずは中立な立場を心がけ、事実を確認します。また、病気やケガが発生した場合などはスタッフと連携を取り、回復に努めます。ただし、施設側に原因がある場合は、追及が必要です。さらに、契約内容に関するトラブルの場合は、事前に契約した内容や説明書などを確認し、冷静に確認をとります。双方の間で解決が難しい場合は、消費生活センターなどの窓口を頼るのも一つの手です。

■ 施設への要望をどう伝えるか

　施設での生活には、共同生活の場であるからこそのルールがあ

ります。そのため、自宅での生活のようにはいかず、入所者が不満を抱えるケースや、見守る家族が施設への不満を抱える場合があるでしょう。このような場合、まずはその不満が常識的に考えて正当かどうかをできるだけ客観的に考えなければなりません。その上で、高圧的な態度を取らず、相談をしたいという気持ちを前面に出しながら話し合いを進めます。こちらの要望のみを通そうとするのではなく、ケース・バイ・ケースで譲ることも交渉上は必要です。あくまでも、入所者の快適な生活を実現するための行為であることを心がけましょう。

スタッフの方への接し方

　スタッフと良好な関係を築くことは、入所者の生活に非常に重要な影響を及ぼします。常日頃から自身の振る舞いに気をつけ、明るい挨拶やお礼のひと言を心がけましょう。スタッフの性格なども把握するようにし、「話しやすい人」という印象を持ってもらうことが重要です。

● 入居後に心がけることとは

面　会	入所直後は特に頻繁に行う・施設のルールを厳守する 体調不良時には行わない・共用場所でのマナーを守る
トラブル対処	人間関係トラブルには中立な立場を心がける 病気・ケガをした時には施設側と連携する 契約内容トラブルには外部窓口も利用可能
施設への要望	不満が常識的に考えて正当かを見直す 相談という姿勢を崩さず、高圧的な態度を取らない
スタッフへの態度	挨拶・感謝を忘れない スタッフの性格を把握し、話しやすい環境を作る スタッフによって態度を変えない

17 いつまでホームに居ることができるのかを確認しておこう

看取りを行っていないホームもある

■ ホームで最期まで看取ってもらえるのか

　有料老人ホームに入居しても、最期を迎えるその瞬間まで当該ホームに入居し続けることができるとは限りません。ホームの中には看取りを行っていない施設もあるからです。なぜ看取りを行っていない施設があるのかというと、看取りを行うためには一定の設備や体制を整備する必要があるからです。有料老人ホームには、病院のような医療設備や医療体制が整備されているわけではありません。しかし、看取りを行うとなると、急変に備えた体制を常に備えておく必要が生じます。たとえば、看護師を24時間常駐させ、医師との連絡体制も強化しなければなりません。こうした条件をすべてクリアして、初めて看取りを行うことが可能になるわけです。

　なお、有料老人ホームが特定施設（特定施設入居者生活介護）である場合、看取りを行うと「看取り介護加算」という介護報酬の対象となります。ただし、この加算をするには「看取り指針」を作成しなければなりません。看取り指針を作成している施設の場合、入居契約をする際に、ホーム側から看取りについて説明を受けます。延命治療をするのか、どのような最期を迎えたいのか、といったことについて自分自身でよく考え、家族にも相談して、ホーム側にしっかりと意向を伝えておくようにしましょう。

■ ホームに居られなくなることはあるのか

　有料老人ホームに入居した後、気になるのは、いつまでホーム

に居ることができるのかという点です。認知症を発症した場合や、転倒して重度のケガを負った場合、ホーム側から「看護師や介護士の体制が不十分なので、病気やケガをした入居者の世話をするのは難しい」と暗に退居を迫られることがあるようです。特に看取りを行っていないホームの場合は、十分な医療体制が整っていないため、病状が少しでも悪化してしまうと、医療体制の整った他の施設への転居を求めてくる可能性が高いでしょう。

　有料老人ホームの入居時のパンフレットには、「ご家族の希望する時期までご利用いただけます」などと記載されていることが多いようですが、これは「特に問題がなければ入居し続けることができる」という程度の意味合いと思っていた方が無難でしょう。

■ どんな場合に強制的に退去させられるのか

　ホーム側から強制的に退去させられるのは、病気で医療行為を含めた介護が必要になった場合だけではありません。たとえば、暴力行為など他の入居者に危害を加える行為をした場合は、他の入居者の安全を確保できないなどの事情で、退去を求められることがあります。この点は、入居者の財産や生命の安全を確保するためには仕方のない部分もあるかもしれません。また、入居者が利用料を長期間にわたって滞納している場合や、事業者がそのホームの運営を縮小もしくは閉鎖する場合にも、強制的に退去させられる可能性があります。

　このようなケースがあることを踏まえて、入居契約の前に、強制的に退去させられるケースについて、必ずホーム側によく確認をしておくようにしましょう。特に心身の状況に変化があったときにどの程度まで介護を受けられるのか、また、強制退去となった過去の具体例はどのようなものか、といったことを聞いておくべきでしょう。

■ 退去するときの費用負担とその後の行き先などの問題

　有料老人ホームを退去する場合には、入居していた部屋を入居前の状態に戻す必要があります。これを原状回復義務といい、原状回復にかかる費用のことを原状回復費といいます。通常、入居年月が経過すれば、部屋の壁紙などは自然に変化（劣化）してきます（経年変化）。また、部屋を普通に使用していれば、各所に少しずつ傷みが生じてきます（通常損耗）。経年変化や通常損耗については、原則として、入居者側に原状回復義務が生じません。したがって、入居者は、これらを除いた損耗（故意や過失によって生じた損傷など）を原状回復するための費用として負担しなければならないことになります。

　なお、退去せざるを得なくなった場合には、その後の行き先を探さなければなりません。たとえば、病気が原因で退去する場合には、医療体制の整った他の施設を探さなければなりません。受入先になる他の施設を自分や家族で見つけなければならない場合もありますが、入居しているホームの系列施設や提携施設などがあれば、そこに優先的に入れてもらえる可能性があります。最初から無理だとあきらめるのではなく、施設の相談員やケアマネジャーなどと相談し、最善策をとることができるよう心がけるようにしましょう。

● ホーム側から強制退去を受けるケースの例

> **ケース1**：医療行為を含めた介護が必要になった
> **ケース2**：長期入院をすることになった
> **ケース3**：他の入居者に危害を加える行為をした
> **ケース4**：利用料を長期間滞納している
> **ケース5**：事業者がホームの運営を縮小・閉鎖した

Q 介護していた母の急病で、寝たきりの祖母は、急遽近くの有料老人ホームに入居しました。しかし、その後、入居から1か月で体調を崩して病院に入院、死亡しました。葬儀後、ホームの退居手続をしたところ、保証金100万円のうち原状回復費50万円を差し引いた50万円が返金されました。1か月入居しただけで、そんなに高額な原状回復費が必要とは思えず疑問に思っています。

A 国土交通省は、民間賃貸住宅の退去時における原状回復をめぐるトラブルについて、「原状回復をめぐるトラブルとガイドライン（再改訂版）」というガイドラインを示しています。そして、厚生労働省は、「有料老人ホームの設置運営標準指導指針について」という指針において、有料老人ホームの運営においても、入居者の退去時における原状回復の費用負担について、このガイドラインを参考にするように示しています。

このガイドラインによると、原状回復とは、「賃借人の居住、使用により発生した建物価値の減少のうち、賃借人の故意・過失、善管注意義務違反、その他通常の使用を超えるような使用による損耗・毀損を復旧すること」とされています。この定義に照らすと、通常損耗（通常の使用による損耗）や経年変化は、原状回復の対象に含まれないことになります。

ただ、契約に規定がある場合は、入居者がその内容を理解し、契約内容とすることに合意していれば、原則として、その規定が優先されることになります。そのため、施設に異議を唱えても、原状回復費について合意があると主張され、なかなか返還を受け入れてもらえませんので、入居段階で契約内容を十分に確認することが肝心です。

もっとも、今回のように入居期間が非常に短く、明らかに不要と思われる原状回復費を請求された場合は、消費者庁や消費生活センターなどへの相談を検討してみるとよいでしょう。

Column

高齢者の住居問題についての新しい動き

　高齢な親の住居にまつわる問題に、親が今まで住んでいた住居から退去しなければならなくなったとき、民間の賃貸住宅を探しても貸主に敬遠されて次の居住地が見つからないという問題があります。

　貸主が高齢者に貸し渋る背景には、家賃未払いや介護が必要となった場合の対応などへの懸念などがあると予想されます。このような問題に直面した場合、親の生活能力や体力、経済力から総合的に判断していくことになります。まず、親が自立して生活することに不安を感じている場合は、有料老人ホームや高齢者向けの住宅などへの入居を検討していきます。次に、経済的な問題が強い場合は、シルバーハウジングとも呼ばれる高齢者向けの公営住宅などへの入居も選択肢に入れるとよいでしょう。介護が必要な場合は、状況に応じた介護サービスを受けることができる施設への入所を考えていくことになります。

　なお、住宅セーフティネット法に基づいて行われている、高齢者や障害者などの一般に住宅を借りることが困難とされる人（住宅確保要配慮者）への居住支援である住宅セーフティネット制度も、より一層の支援の強化が行われることが予定されています。具体的には、「居住サポート住宅」として、住宅確保要配慮者が入居しやすいしくみが作られます。高齢者に住宅を貸すことに対する家賃債務保証の問題や、身寄りのない独り暮らしの高齢者の孤独死問題など、貸主側の不安にも配慮するようなしくみづくりが検討されています。

　家賃債務保証については、身寄りのない人でも家賃債務保証を円滑に利用できるようにするために、家賃債務保証会社を国が認定する制度の創設が予定されています。また、安心して高齢者等に住宅を貸し出せるよう、NPO法人や社会福祉法人などの居住支援法人が定期的に訪問を行うことや、センサーなどのICTを活用した安否確認などの見守りサポートを充実させることも検討されています。

第5章

高齢者向けサービス住宅

サービス付き高齢者向け住宅について知っておこう

見守りサービスなどが受けられる賃貸住宅である

■ サービス付き高齢者向け住宅とは

　高齢者が安心して生活できる住宅として誕生したものが、サービス付き高齢者向け住宅（サ高住）です。

　サービス付き高齢者向け住宅は、一定の要件を満たした上で、都道府県から登録を受けた住宅です。登録基準については、「高齢者住まい法」に規定が置かれています。たとえば、入居できるのは、60歳以上の人か、60歳未満で要介護・要支援を受けている人と、その同居者に限定されています。また、同居者として認められるのは、配偶者、60歳以上の親族、要介護・要支援を受けた親族に限られます。

　サービス付き高齢者向け住宅には、一般型と介護型があり、一般型は介護サービスを外部の介護保険サービスから受ける必要があります。介護型は、特定施設入居者生活介護の指定を受けているため、居住する住宅のスタッフから介護サービスを受けることができます。

■ どんなサービスが受けられるのか

　サービス付き高齢者向け住宅は、常駐するスタッフが高齢者に対する見守りサービス（安否確認サービスや生活相談サービス）を行うことが必須の要件となっています。

　安否確認サービスには、①毎日定刻に職員が居室を訪れるなどといった人的なものと、②トイレや冷蔵庫の扉などにセンサーを設置し、長時間開閉がない場合に職員が居室を訪れるといったシス

テムを活用したもの、③人的なものとシステム活用の両方を併用するもの、などがあります。生活相談サービスとは、健康上の悩みや生活上の心配事について相談することができるサービスです。

なお、見守りサービスは、ケアの専門家（医師・看護師・介護福祉士・社会福祉士・介護支援専門員など）が少なくとも日中建物に常駐して、サービス提供することになっています。

以上の要件に加えて、オプションサービスとして、食事のサービスなどの生活支援サービスも提供されています。各住宅において受けられるサービスの具体的な内容は、その住宅ごとに異なりますから、入居前に情報を集めるようにしましょう。全国のサービス付き高齢者向け住宅の情報は、「サービス付き高齢者向け住宅情報提供システム（http://www.satsuki-jutaku.jp）」によって調べることができます。

■ どんな場合にサ高住を選ぶのがよいのか

サービス付き高齢者向け住宅を選択するメリットは、他の施設に入居する場合に比べて、非常に自由度の高い生活を送ることができるという点にあります。健康状態がある程度安定しており、できるだけマイペースに、プライバシーが保たれた生活を送りたいと考えている人に向いている住まいだといえるでしょう。

● サービス付き高齢者向け住宅の要件

身体状況	自立（60歳以上） ／ 要支援 ／ 要介護		
付帯サービス	状況把握 ／ 生活相談	食事（オプション）	
床面積	原則25㎡以上		
主体	民間企業	社会福祉法人	医療法人
根拠法	高齢者住まい法		

また、有料老人ホームのように高額な一時金を支払う必要もないため、他の住まいに移りたいと考えた場合には、気軽に住み替えをすることも可能です。

　ただし、心身の状態が衰えてくると、サービス付き高齢者向け住宅での生活にはデメリットが増えてきます。介護が必要になった場合は、一般型については訪問介護を利用することになるため、いつでも手厚い介護を受けられるというわけにはいきません。また、介護度が重くなると自己負担額が増え、他の施設への住み替えが必要になる場合もあります。

　そこで、元気なうちはとりあえずサービス付き高齢者向け住宅に住み、自分の健康状態の様子を見ながら、必要に合わせて他の施設への住み替えも検討していくというのもよい方法だといえるでしょう。

■入居条件と入居時にかかるお金

　サービス付き高齢者向け住宅の入居条件は、入居希望者と事業者との間の契約によって決められることになるので、入居契約（契約の内容でいうと賃貸借契約）で必要事項を確認することになります。書面によって契約締結する決まりがありますので、当該書面で契約条項を確認することが重要です。特に、後々のトラブル防止のため、契約の解除事由や更新拒絶事由の条項はよく確認しておくようにしましょう。

　サービス付き高齢者向け住宅に入居するときには、高額な一時金を支払う必要はありません。一般的には、敷金として家賃の2〜3か月分を支払うことになります。また、毎月の家賃、管理費、水道光熱費を支払う必要があります。月々の料金の目安としては、12万円から15万円程度の金額になることが多いようです。ただし、居室の面積や所在地（立地の良さや地域など）によって料金は大

きく異なりますので、注意が必要です。食事などのオプション
サービスを利用する場合には、さらにその費用も加わることにな
ります。

　サービス付き高齢者向け住宅は他の施設よりも割安であるとい
うイメージを持つ人も多いようですが、必ずしもそうとは言い切
れません。最近は有料老人ホームであっても一時金が不要であっ
たり、月々の費用が低額に抑えられている施設が増えています。
特に、サービス付き高齢者向け住宅の場合は、利用するオプショ
ンサービスが増加していくことにより、しだいに月々の費用が高
額になっていくことも予想されます。どんなサービスにどれだけ
の費用がかかるのか、細かく確認しておくことが必要になります。

■ 重要事項説明書の交付が義務付けられている

　入居契約（賃貸借契約）を結ぶ際には、必ず事業者は入居者に
対して重要事項説明書を交付しなければならないことになってい
ます。サービス付き高齢者向け住宅の重要事項説明書は、有料老
人ホームのものに比べると、書類の枚数も少なくなっています。
つまり、記入のない情報については、自らが積極的に事業者に対
して確認していくという姿勢が必要になります。

　なお、サービス付き高齢者向け住宅が有料老人ホームを兼ねて
いる場合、複数の重要事項説明書が作成されることもあります
（東京都では、事業者は、生活支援サービスモデル重要事項説明
書の他に、有料老人ホームに該当する場合は入居契約重要事項説
明書を作成します）。

■ 重要事項説明書のどこに気をつけて読めばよいのか

　サービス付き高齢者向け住宅の生活支援サービスモデル重要事
項説明書の記載内容のうち確認を要する主なポイントは以下の通

りです。

・生活支援サービス提供事業者及び住宅事業主体

事業者については、生活支援サービスを提供する事業者と、住宅の管理運営をする事業主体が、異なっている場合があります。また、事業主体が行っている主な事業を確認することで、その事業主体の特徴や経営の方向性を推測することができます。住宅事業主体の介護事業の実績が少ない場合、高齢者のニーズをよく把握できていない場合もありますので、十分注意するようにしましょう。

・住宅の開設年月日や契約形態

住宅概要のうち、住宅の開設年月日に記載されている日付は、サービス付き高齢者向け住宅が開設された日です。サービス付き高齢者向け住宅は、既存の建物を改築して開設されることも多くなっていますから、建物自体の築年数はしっかりと把握しておく必要があります。特に、大々的なリフォームを施している場合は、見た目のきれいさで建物の築年数を見落としがちになりますので、十分注意してください。

・生活支援サービスの内容

基本サービス（入居者全員が受けるサービス）とその他のサービス（オプションとして選択するサービス）がありますので、その詳細内容と費用をなるべく具体的に確認するようにしましょう。

・解約やトラブル対応

事業者から一方的に解約される事由を確認しましょう。「他の入所者の生命・財産に危害を及ぼす恐れがあるとき」などというように、明確な表現が避けられているような場合には、どのようなケースが該当するのか具体例を挙げてもらうようにしましょう。

2 シルバーハウジングについて知っておこう

バリアフリーや生活支援員を配置した高齢者向けの公営住宅

■ シルバーハウジングとはどんな住宅なのか

　シルバーハウジングは、高齢者向けのバリアフリー設備を整えている公営の住宅を指します。都道府県や市町村といった地方公共団体が供給している公営住宅は、高齢であることを理由に入居申込みの拒否をすることはありません。家賃は収入に応じた負担ですので、経済的に不安のある人も安心して入居できます。福祉施策を住宅の観点から実現したもので、高齢者の日常生活を支援するのに必要なサービスの提供を併せて行うことが可能になっており、高齢者世帯に対象を特化させた公的賃貸住宅ということができます。

■ シルバーハウジングの特徴

　シルバーハウジングに入居できる高齢者は、60歳（シルバーハウジングによっては65歳）以上の個人であることが要件です。また、夫婦での入居を予定している場合には、夫婦のどちらか一方が60歳（シルバーハウジングによっては65歳）以上であれば入居可能です。所得が低い人でも入居することができ、基本的に自立して食事・入浴・排せつなどができる人を念頭に置いています。そのため、介護サービスの提供は副次的な位置付けになっています。

　もっとも、高齢者が自立して快適に生活する上で必要な設備は充実していますので、たとえば、手すりの設置や段差の撤廃などのバリアフリー化が施されています。

　シルバーハウジングのメリットとして、住環境において、民間業者が提供する一般的なマンションや、都市再生機構が提供する

公営住宅と変わらない質の生活を送ることができるという点が挙げられます。介護サービスの提供をメインに据えていませんので、健康状態が良好な方であれば、それ以前に住んでいた住居の生活と大きく変わることなく、比較的自由度の高い暮らしを維持することができます。もっとも、高齢による生活の不安を抱える人も多いため、シルバーハウジングでは、日常的な生活相談や、緊急時の支援などを受けることができます。

■LSAとは

　シルバーハウジングの特徴のひとつとして、ライフサポートアドバイザー（LSA）が配置されていることが挙げられます。LSAとは、市町村から委託された生活援助員のことで、入居している高齢者の生活相談に応じたり、主に入居している高齢者の家族にとって重要ともいえる、安否確認等の緊急時の対応を担います。

　LSAが行う生活相談とは、具体的には、入居者の相談を聞き、入居者のニーズに合わせた専門機関をあっせんすることや、地域活動等への参加の促進など、高齢者の生活に必要なサービスへのアクセスを確保することを目的に行われます。また、緊急時には、入居者の家族はもちろん、医療機関に速やかに連絡を行うことも、LSAの重要な役割のひとつです。

■どのぐらいお金がかかるのか

　シルバーハウジングに入居するにあたって必要な費用は、入居者の負担能力に応じて異なります。もっとも、シルバーハウジングは、低所得な高齢者でも入居できることに特徴があるため、その他の民間の住宅会社が提供する賃貸住宅よりも低額に抑えられているということができます。月額の負担額は、シルバーハウジングが所在する市町村や、入居するシルバーハウジングによって異なります。

■シルバーハウジングで介護が必要になったらどうするのか

シルバーハウジングは、その性質上、介護サービスの提供を主体としている施設ではないため、介護が必要になった場合は、持ち家に居住する高齢者と同様に、介護サービス業者との間で介護サービス契約を結ぶ必要があります。

介護サービス契約の類型としては、シルバーハウジングの居住者宅に介護スタッフが訪問するタイプの居宅介護型や、入居者が介護施設に通い必要な介護サービスを受ける通所型、入居者が短期間施設に入所してサービスを受ける短期入所型などが挙げられます。

また、介護度が重度（要介護4・5）になった場合、介護保険の上限額を超えてしまい、介護費用が割高になってしまう恐れがあります。その場合には、シルバーハウジングからの転居を検討することもひとつの手段だといえます。

● シルバーハウジングとLSA（ライフサポートアドバイザー）

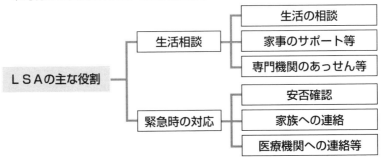

157

■ シニア向け分譲マンションとは

シニア向け分譲マンションは、民間の不動産事業者が販売・運営するバリアフリー型の分譲住宅のことです。食事の提供・緊急時の対応を行う一方で、レクリエーションや健康器具等の施設が充実した、高齢者の安心かつ充実した暮らしをサポートする住宅です。一般の分譲マンションと比べて、共用スペースが特に充実しているという特徴を挙げることができます。この点は、各シニア向け分譲マンションの競争ポイントになる点だといえますが、たとえば、トレーニングジムや大浴場等の施設を備えた分譲マンションも少なくありません。なお、有料老人ホームと類似していますが、入居者の権利関係が大きく異なります。有料老人ホームでは、入居者が持っているのは施設の利用権であるのに対して、シニア向け分譲マンションでは、入居者は施設の所有権を取得します。つまり、その施設の終身的な利用権を取得することを意味しており、売買・賃貸や相続が起こり得る可能性があります。

■ シニア向け分譲マンションの特徴

シニア向け分譲マンションに入居することができる人は、基本的に通常のマンションと同様です。つまり、シニア向け分譲マンションでは、原則として自立した人であれば誰でも入居可能です。もっとも、マンションごとに独自の入居要件が定められている場合も多く、たとえば、年齢に関して、60歳以上、または、65歳以上に入居者を限定している施設もあります。その他にも、さまざ

まな入居基準が設定されている場合がありますので、必ず事前に施設に確認しておく必要があります。シニア向け分譲マンションの特徴は、高齢者の生活の充実が目的であるため、シニアライフを楽しむための設備が充実していることが挙げられます。シニア向け分譲マンションの設備は、分譲価格に応じてさまざまですが、たとえば、居室に設置されているトイレ・浴室・台所などが広いのが一般的です。また、共同スペースには、カラオケ・園芸・図書室、フィットネス用具・プールなど入居者の趣味や健康維持に有用でバラエティに富んだ設備が設置されています。入居希望者は、各シニア向け分譲マンションの特色として、これらの設備のうち、自身のニーズに応じた施設を選択することができます。

どのぐらいお金がかかるのか

　シニア向け分譲マンションは、共用スペースが充実しているため、その他の高齢者用住宅と比較しても、一般の分譲マンションと比べても、比較的に富裕層を対象にした住宅だといえます。そのため、購入費用も高額に設定されており、数千万円から場合によっては、1億円以上の金額を購入時に支払う必要があります。その他にも、管理費や修繕積立金や各種施設の利用料等をあわせて、月額数万円から数十万円の負担が必要になります。

介護が必要になったらどうするのか

　シニア向け分譲マンションは、基本的に自立した高齢者を入居対象者と考えていますので、入居者が、介護サービスが必要になった場合には、別途必要な介護サービス契約を結ぶ必要があります（その場合、介護サービス契約により外部の介護サービスを利用することになります）。なお、重度の要介護状態に陥った場合は、状態によっては退去が必要になることもあります。

その他の高齢者向けの住宅について知っておこう

UR都市機構の供給する賃貸住宅には高齢者向けのものがある

■UR都市機構が手がける高齢者向け賃貸住宅

　都市部で生活している高齢者が、住み替えのために賃貸住宅を探すことは、容易なことではありません。都市部の家賃相場は高額になっていますので、収入や資産の状況が十分でないと、良い条件の物件に入居することはなかなか難しいでしょう。また、家賃の支払いに問題がないとしても、高齢者であるというだけで、家主側から入居を断られるケースも存在します。高齢者の入居には、認知症などの発症によってトラブルが生じるリスク、孤独死して何日も発見されないリスク、保証人が用意できなくなるリスクなど、さまざまなリスクが付き物だからです。

　そこで、UR都市機構（独立行政法人都市再生機構）が供給している賃貸住宅を利用するという方法があります。UR都市機構とは、都市の健全な発展と国民生活の安定向上を目的として、市街地の整備改善や賃貸住宅の供給の支援をしている団体です。UR都市機構の賃貸住宅は、礼金・手数料・更新料・保証人が不要という特徴があり、高齢者向けの賃貸住宅の供給・管理にも力を入れています。特に、「高齢者向け優良賃貸住宅（高優賃）」や「高齢者等向け特別設備改善住宅」は人気が高くなっています。

■高齢者向け優良賃貸住宅（高優賃）とは

　高齢者向け優良賃貸住宅とは、UR都市機構が設置・運営している賃貸住宅のうち、高齢者の住まいとして優良なものであるとして、都道府県が認定した賃貸住宅です。都道府県及び国からの

補助があり、入居者は収入に応じて家賃の軽減措置を受けることができます。入居対象は、60歳以上の単身者、60歳以上の者とその配偶者（年齢制限なし）、60歳以上の者とその親族（60歳以上）です。また、申込者に一定額以上の収入があることも、入居の要件になっています。ただし、世帯所得月額が一定以上の場合には、そもそも申込みができないという場合もありますので、注意が必要です。高齢者向け優良賃貸住宅の設備の特徴は、バリアフリー改良がなされている点にあります。床の段差はほとんどなく、玄関やトイレなどには手すりが設置されています。トイレや浴室などには緊急通報装置が設置されており、急病などの緊急時には提携事業者（警備会社など）が現場に駆けつけ、消防署等に連絡するというサービスが受けられるようになっています。

■ 高齢者等向け特別設備改善住宅とは

　高齢者等向け特別設備改善住宅とは、住宅内の設備を高齢者や障害者が使いやすいように改善した賃貸住宅のことです。高齢者向け優良賃貸住宅よりも、さらに徹底したバリアフリー改良が施されている住宅です。緊急時に使用するための連絡通報用装置も設置されています。入居対象となるのは、60歳以上の高齢者、身体障害者手帳の交付を受けている1～4級の障害のある人、高齢者等を含む世帯の人、などです。

　住宅内の設備の改善点は、個々の住宅によって差があります。具体例としては、キッチンのコンロ台を使いやすい高さに調整したり、浴室の浴槽と洗い場の段差を緩和したり、トイレにウォシュレット用のコンセントを設置するなどの点が挙げられます。

　その他、健康サポート住宅（転倒防止や外出のしやすさに配慮した住宅）やシルバー住宅（シルバーハウジングで一部地域のみ）があります。

■ その他どんなものがあるのか

　この他、高齢者が入居できる公的な賃貸住宅としては、次のようなものがあります。これらの住宅には、高齢者向けの設備などは備わってないことも多いのですが、高齢を理由に入居申込みを拒否されることはありませんので検討してみるとよいでしょう。

・特定優良賃貸住宅（特優賃）

　特優賃とは、良質な住宅であるという認定を都道府県等の地方自治体から受けた賃貸住宅です。地方自治体の他、民間事業者も供給しています。認定を受けるには、床面積（専有面積は原則全戸50㎡以上125㎡以下）や構造（耐火または準耐火構造）などの条件を充たしている必要がありますが、この条件は地方自治体によって異なっています。入居条件として年間所得の範囲が定められており、主に中堅所得者を対象としています。所得によっては家賃補助を受けられる場合もあります。礼金・更新料・仲介手数料は不要です。

・公社賃貸住宅

　公社賃貸住宅とは、各都道府県の住宅供給公社が供給している賃貸住宅です。入居を申し込むためには、住宅に困窮していること、収入が基準内であること、都道府県民税・市町村民税を滞納していないこと等が必要とされています。原則として2人以上の家族での入居が条件となりますが、一定の要件に該当すれば単身でも申込みができるところもあります。公社賃貸住宅は、住宅の規模や立地する場所などによって家賃が異なりますが、通常は民間の賃貸住宅に比べてリーズナブルな家賃設定になっています。当該都道府県内に在住・在勤している人、などというように、さまざまな入居条件が設定されている場合もありますので、よく入居条件を確認することが重要になります。なお、原則として連帯保証人を選定することが必要です。

第6章

知っておきたい
介護に関連する
その他の知識

■ どんな場合にサービスを受給できるのか

介護保険は、原則として、要支援または要介護の認定を受けた人への給付制度です。

要支援状態とは社会的支援を必要とする状態のことで、具体的には、日常生活を送る上で必要となる基本的な動作をとる際に、見守りや手助けなどを必要とする状態のことです。要支援状態に該当した場合は状態の改善もしくは要介護状態への悪化を防止するため、介護予防に関する給付サービスを受けることができます。

要支援1の具体的な状態は、立ち上がる時などに一部手助けは必要であるものの、食事などの基本動作はおおむね自分で行うことができる状態です。

要支援2は、入浴や排せつ時に部分的な介助が必要であるなど、要支援1と比較して支援がより必要になった状態を指します。

要支援2と要介護1の基本的な状態に大きな違いはなく、認知機能の低下と、状態の安定性によっていずれかに判定されます。理解力が低下し認知症が疑われたり、病気などにより状態が不安定な場合は、要介護1に判定されます。

一方、要介護状態とは、要支援状態より重く、日常生活を送る上で必要となる基本的な動作をとるときに介護を必要とする状態です。要介護認定を受けた場合には介護給付を受けることができます。

要介護は1〜5の区分に分かれています。日常生活の能力で見てみると、要支援2と同様、要介護1では、立ち上がりなどの基本動作に衰えが見られ部分的な介助が必要である状態です。要介

護2では、一人での歩行や洗身が難しくなったり、認知症の場合は金銭管理や服薬管理を行うことが困難な状態もあります。要介護3は、起き上がったり寝返りを打つことが難しい、認知症の場合には、大声を出したり物忘れが頻繁になるといった問題行動も見られます。要介護4は、日常生活を送る能力がかなり低下している状態で、座位を維持することが難しく寝たきりの場合も含まれます。認知症の場合には、理解力の低下によって意思の疎通が

● 要支援・要介護状態

	要介護認定等基準時間・目安となる介護状態
要支援1	25〜32分未満の状態 立ち上がり時などに一部支援が必要な状態
要支援2	32〜50分未満の状態 入浴や排せつ時などに部分的な介助が必要な状態
要介護1	32〜50分未満の状態 歩行が不安定になったり、食事や排せつなどの日常生活において部分的な介助が必要な状態
要介護2	50〜70分未満の状態 自力での立ち上がり、歩行や洗身が難しく部分的な介助が必要な状態。認知症の場合は金銭管理が難しい状態
要介護3	70〜90分未満の状態 自力での寝返りや衣服の着用が難しく、日常生活において全面的に介助が必要な状態。認知症の場合はもの忘れが頻発する
要介護4	90〜110分未満の状態 自力での座位保持や立位が難しく、介護が無いと日常生活ができない。認知症の場合は徘徊や暴言などの症状があり、意思疎通が難しい状態
要介護5	110分以上ある状態 寝たきりの状態で、日常生活すべてにおいて完全介護が必要。話しかけても応答がないなど、意思疎通ができない状態

※要介護認定等基準時間は、1日あたりに提供される介護サービス時間の合計がモデルとなっています。基準時間は1分間タイムスタディと呼ばれる方法で算出された時間をベースとしています。1分間タイムスタディとは、実際の介護福祉施設の職員と要介護者を48時間にわたって調査し、サービスの内容と提供にかかった時間を1分刻みに記録したデータを推計したものです。

困難となる場合が多い他、目的もなく歩き回ったり、夜眠らずにいるといった問題行動も増えている状態です。要介護5は、日常生活を送る上で必要な能力が全般的に著しく低下していて、生活全般において全面的な介助を必要する状態です。認知症の場合には、意思の伝達が全くできない程度まで理解力が全般的に低下していて、問題行動が多くなります。

■ どんなサービスがあるのか

介護保険が適用されるサービスは、要介護者を対象とする介護給付、要支援者を対象とする予防給付に大きく分類されます（その他に地域支援事業もあります）。どちらのサービスも、居宅サービス、施設サービス、地域密着型サービスの3つに整理されています（施設サービスは予防給付の対象外）。

居宅サービスは、利用者の自宅で提供される訪問サービス、利用者が自宅から施設に通って提供を受ける通所サービスなど、利用者の住まいが自宅の場合に利用可能なサービスです。短期入所サービスなども含まれます。一方、施設サービスは、利用者が生活の中心を施設で過ごす場合に提供を受けるサービスです。また、地域密着型サービスとは、利用者が住み慣れた地域から離れることなく、生活を継続することができるように提供されるサービスです。

以下、居宅サービスと施設サービスについて、詳しく見ていきます。

■ 訪問サービス

居宅サービスの中でも、要介護者が自宅でサービスの提供を受けるものが訪問サービスです。訪問サービスには、訪問介護、訪問入浴介護、訪問看護、訪問リハビリテーション、居宅療養管理指導、特定施設入居者生活介護などがあります。

🖥 通所サービス

通所サービスとは、居宅サービスのうち、要介護者が通所介護事業所に出向いてサービスの提供を受けるもので、通所介護（デイサービス）と通所リハビリテーションに分けられます。このうち、通所リハビリテーションの提供を行うことのできる施設は、病院や介護老人保健施設、診療所といった医療機関や施設に限られます。また、サービスを提供する人も、医師や理学療法士、作業療法士、言語聴覚士の他、一定の経験を積んだ看護職員（看護師・准看護師）など、通所介護サービスに比べるとより専門的なスタッフが配置されています。

● 要介護者が利用できる訪問サービス

訪問介護 （ホームヘルプ）	ホームヘルパー（訪問介護員）が要介護者の自宅に出向く 要介護者の身体介護・生活援助
訪問入浴介護	入浴車で要介護者の自宅に出向く 入浴車にて入浴の介護を行う
訪問看護	病状は安定しているが、日常生活に支障がある人が対象 要介護者の自宅に看護師などが出向く 看護師などが主治医の判断に基づいて療養上の世話などを行う
訪問 リハビリテーション	理学療法士・作業療法士が要介護者の自宅に出向く 要介護者の心身機能の維持回復、自立の手助けが目的 理学療法・作業療法などによるリハビリテーションを行う
居宅療養管理指導	退院した要介護者の自宅に医療や栄養学の専門家が出向く 専門家は医師・歯科医師・薬剤師・管理栄養士・歯科衛生士など 療養上の管理・指導・助言を行う
特定施設入居者 生活介護	特定施設（有料老人ホームなど）に入居している要介護者が対象 日常生活上の支援や介護を行う

■ 短期入所サービスとは

　短期入所サービスは、ショートステイとも呼ばれる居宅サービスであり、短期入所生活介護と短期入所療養介護があります。いずれも要介護者を介護している家族の介護負担を減らすことが目的です。もっとも、短期入所療養介護の場合、要介護者が入所する施設は介護老人保健施設や病院などに限定されます。

■ 施設サービスとは

　施設サービスでは、利用者が生活の場として施設を利用し、その中で必要な介護サービスや、場合によっては医療サービスを受けることができます。施設サービスが提供されるのは、介護老人福祉施設（特別養護老人ホーム）、介護老人保健施設、介護医療院といった介護保険施設です。なお、施設サービスの対象者は要介護者に限定される点に注意が必要です。

● 短期入所サービスと施設サービス

短期入所サービス （ショートステイ）	■ 短期入所生活介護 対　　象：認知症や中重度の要介護者 目　　的：要介護者を介護している家族の介護負担を減らすこと 入所する施設：特別養護老人ホームなど 特　　徴：施設に短期間入所し、身体介護・日常生活の支援などを受ける居宅サービス
	■ 短期入所療養介護 目　　的：家族から介護の負担を減らすこと 入所する施設：介護老人保健施設や病院など 特　　徴：身体介護・日常生活の支援・機能訓練を受ける他、医療施設の場合には医療的な処置を受ける
施設サービス	特　　徴：特別養護老人ホーム・介護老人保健施設などに長期間入所する場合

② 介護施設での契約にはどんなものがあるのか

介護施設の利用形態に応じて、いくつかの利用タイプに分かれている

■ケースごとに受けられるサービスの種類が違う

　介護施設から受けられるサービスは、主に５つの種類に分けることができます。

① 自宅に職員が訪問するタイプ

　訪問介護員（ホームヘルパー）が利用者の自宅を訪問して各種支援を行うサービスです。訪問介護、訪問入浴介護、訪問看護、訪問リハビリテーションといったサービスがあります。

② 施設に通ってサービスを受けるタイプ

　主に、自宅にこもりがちの利用者が孤立感を持たずに、心身機能の維持や家族の介護の負担軽減などを目的として、施設に通所することによって実施するサービスです。

　利用者は、施設で、食事や入浴などの日常生活上の支援や、生活機能向上のための機能訓練等を日帰りで受けることになります。

　なお、療養通所介護といって、常に看護師等による観察が必要な、難病・認知症・脳血管疾患後遺症等の重度要介護者、または、ガン末期患者を対象にしたサービスを行う施設もあります。

③ 自宅訪問、施設への通所・宿泊を組み合わせたタイプ

　利用者の選択にあわせて、施設への「通い」を中心に、短期間の施設への宿泊や、利用者の自宅への訪問を組み合わせて、家庭的な環境と地域住民との交流の下で日常生活上の支援や機能訓練を目的に行われるサービスも存在します。

④ 施設に短期間宿泊するタイプ

　短期入所生活介護も、通所が基本のサービスと同様で、利用者

169

の孤立感の解消や心身機能の維持回復・利用者の家族の負担軽減などを目的に実施されるサービスです。特に、介護老人福祉施設（特別養護老人ホーム）などでは、常に介護が必要な利用者の日常生活上の支援や、機能訓練などを行っています。

⑤　主に施設等で生活するタイプ

　たとえば、介護老人福祉施設（特別養護老人ホーム）は、入所者が可能な限り在宅復帰できることを念頭に、常に介護が必要な人の入所を受け入れ、日常生活を送ることができるよう、施設において集団の中で生活する中で、リハビリテーションや必要な医療、介護などを提供するサービスです。

■ 在宅サービス利用契約・施設入居契約を結ぶときの注意点

　介護保険サービスを利用する場合、通常は、利用者と事業者とが契約することになりますが、事業者は契約書や説明書などの書面によって詳しい説明をして、それに対して利用者が合意した場合に契約が締結されます。利用者は、特に事業者が説明する契約内容について、よく確認する必要があります。施設への入居契約の締結の際には、重要事項説明書に基づいて、事業者の施設担当者から説明を受けて、入居に際し必要な費用や、居住空間、浴室・トイレ・食堂などの、施設内の設備や機能性等を確認する必要があります。

　重要事項とは、事業の目的や運営方針、スタッフの職種・職務内容・配置人数、サービス内容、利用料金や費用、営業日と営業時間、サービスを提供する地域、緊急時や事故発生時の対応方法などです。事業者は、契約に先立って重要事項説明書を利用申込者に渡した上で説明しなければなりません。

Q 介護施設の事業収入はどのようになっているのでしょうか。利用者はどのような費用を負担しなければならないのかについても教えてください。

A 介護施設が得る事業収入は、大きく分けて、介護報酬と実費負担による収入とに分けることができます。

　介護報酬とは、事業者が利用者（要介護者または要支援者）に介護保険サービスを提供した場合に、その対価として事業者に支払われる報酬のことを指します。したがって、介護保険サービスの直接の価格ということができます。利用者が介護保険サービスを利用した場合、費用の原則１割を利用者が自己負担することになり、原則９割が介護保険から支払われます。なお、一定以上の所得がある利用者は、費用の２割または３割を自己負担します。

　これに対し、実費負担による収入とは、原則として利用者が全額自己負担をする居住費（水道光熱費・家賃）や食費などによる収入を指します。たとえば、入所型の介護施設を利用する場合、介護保険サービスの提供を受けた場合の費用に加えて、居住費や食費などの費用も必要です。後者の費用はホテルコストとも呼ばれていますが、ホテルコストは介護保険からの支給で賄われるものではなく、利用者が全額自己負担をしなければならないのが原則です。

　もっとも、所得が低い利用者を含めて、一律にホテルコストを全額自己負担とすれば、介護施設を適切に利用する機会を奪うことになりかねません。そこで、生活保護を受給しているなど、利用者の状況に応じて、自己負担部分についても利用者が公費による支援を受けて施設側に料金を支払う場合があります。この制度を補足給付（特定入所者介護サービス費）といいます。

●**介護報酬は定期的に改定される**

　介護報酬は、厚生労働大臣が、社会保障審議会の意見を聴いて定め

ます。具体的には、①指定居宅サービス介護給付費、②指定居宅介護支援介護給付費、③指定施設サービス等介護給付費、④指定介護予防サービス介護給付費、⑤指定介護予防支援介護給付費、⑥指定地域密着型サービス介護給付費、⑦指定地域密着型介護予防サービス介護給付費につき、利用者の要介護度やサービスを提供する時間・月に応じて単価が詳細に定められています。この単価は単位と呼ばれており、1単位は約10円に設定されています。

　介護報酬は毎年改定されていますが、大幅な改定は3年ごとに行われています。直近の大幅な改定は、令和6年4月1日（一部は同年6月1日）から施行されている「令和6年度介護報酬改定」です。

　令和6年度介護報酬改定では、人口構造や社会経済状況の変化を踏まえ、「地域包括ケアシステムの深化・推進」「自立支援・重度化防止に向けた対応」「良質な介護サービスの効率的な提供に向けた働きやすい職場づくり」「制度の安定性・持続可能性の確保」を基本的な視点として、介護報酬が改定されました。介護報酬の改定率は、介護現場で働く人の処遇改善を着実に行いつつ、サービス毎の経営状況の違いも踏まえたメリハリのある対応を行うことで、全体で1.59％の引上げを確保しました。その内訳は、介護職員の処遇改善分が0.98％、その他の改定率として、賃上げ税制を活用しつつ、介護職員以外の処遇改善を実現できる水準として0.61％となっています。

●利用者から徴収する実費にはどんなものがあるのか

　実費には、居住費や食費その他の日常生活費が含まれます。居住費は、施設や居室のタイプに応じて異なり、多床室よりも個室の方が高く設定されています。食費は、主に施設で提供される食事にかかる費用です。その他の日常生活費（日常生活に必要な費用）として、電話代、理美容代、新聞費などが設定されており、施設ごとに異なる料金体系が決められています。

3 利用者の負担する費用について知っておこう

安定した運用のためには利用者自身が利用料を負担することも必要

■ 利用者はどのくらいの費用を負担するのか

　介護保険制度を運用するための費用は、利用者となりうる被保険者と市町村、都道府県、国が負担しています。具体的には、費用の50％を市町村や都道府県、国からの税金、残り50％を被保険者からの保険料で賄うことになります。

　税金に関しては、国が25％、都道府県が12.5％、市町村が12.5％ずつをそれぞれ負担します。施設サービスに関しては、国が20％、都道府県が17.5％を負担することになります。また、市町村において、保険料の未納者の増加やサービス利用者の急増などにより、介護保険に充てる財源が不足した場合には、資金を交付したり、貸し付ける制度も設けられています（財政安定化基金といいます）。

　保険料に関しては、被保険者の間で負担額に格差があることは望ましくないため、すべての被保険者が、実質的な負担が同程度になるように配慮されています。

■ 区分支給限度額とは

　介護保険は無限に利用できるのではなく、認定の度合いによって給付額の上限が定められています。このように、介護保険で利用できるサービスの費用の上限を区分ごとに定めたものを区分支給限度基準額といいます。区分支給限度基準額は、利用者の要介護状態に応じて月額で金額が定められています。区分支給限度基準額は、原則として厚生労働大臣が定めます。ただし市町村は、条例で定めることによって、厚生労働大臣が規定する金額よりも、

173

高額な区分支給限度基準額を設定することができます。

　そのため、多くの利用者は区分支給限度基準額の範囲で、介護サービスを利用するケースが多いといえます。区分支給限度基準額内で在宅サービスを利用した場合、利用者の本人負担割合はサービスの費用の１割ですが（所得の状況により、２割、３割負担となる場合もある）、区分支給限度基準額を超えて利用した場合には、その超えた金額は全額自己負担となります。在宅サービスの支給限度基準額については、次ページの図を参照してください。なお、支給限度基準額は、在宅サービスを受ける場合に設定されているもので、施設サービスの場合には設定されていません。

■ 高額介護サービス費とは

　在宅サービスの利用料の自己負担額が高額になった場合や、施設サービスでの自己負担額が高額になった場合には、高額介護サービス費として、市町村から払戻しを受けることができます。

　高額介護サービス費が設けられた目的は、介護サービスの利用控えを防ぐ目的もあります。というのも、介護を受ける必要が高い人は、サービスを受ければ受けるほど、自己負担額が大きくなっていきます。そのため、低所得者は特にサービス利用に対して謙抑的になりやすく、必要十分な介護サービスが行き渡らなくなる可能性があるため、高額介護サービス費により、十分なサービスを受ける機会を保障しています。高額介護サービス費として市町村から払戻しを受ける基準となる自己負担額の上限（月額）は、利用者の世帯の所得状況によって段階的に設定されています。なお、同一世帯に複数の利用者がいる場合には、その複数の利用者の自己負担額を合計した金額をもとに高額介護サービス費が計算されます。

　高額介護サービス費の払戻しを受けるためには、市町村への申請が必要となります。

■ 低所得者に対する利用者負担の軽減について

　介護サービスの利用者負担は、原則として費用の1割ですが、利用者が低所得である場合には、1割部分の負担でも大きな負担になります。そこで、主に市町村を中心に、低所得者を対象に、介護サービス利用者負担額の軽減措置を設けています。

①　利用者負担軽減制度

　一定の要件を満たす低所得者が、介護サービスを利用した場合に、市町村が利用者負担額などの一部を助成する制度です。たとえば、東京都では、「生計困難者等に対する利用者負担額軽減事業」として、おもに以下の要件を満たす低所得者について、介護サービスの利用者負担額に対する助成を行っています。

・住民税非課税世帯であること
・年間収入が150万円以下であること（単身世帯の場合）
・預貯金などの額が350万円以下であること（単身世帯の場合）
・日常生活に必要な資産以外に活用できる資産がないこと
・親族などに扶養されていないこと
・介護保険料を滞納していないこと

　具体的には、低所得者が、介護サービス事業所を利用した場合

● 在宅サービスの利用料の自己負担額・目安

要介護（支援）状態区分	支給限度額	利用者負担限度額（1割）	利用者負担限度額（2割）	利用者負担限度額（3割）
要支援1	50,320円	5,032円	10,064円	15,096円
要支援2	105,310円	10,531円	21,062円	31,593円
要介護1	167,650円	16,765円	33,530円	50,295円
要介護2	197,050円	19,705円	39,410円	59,115円
要介護3	270,480円	27,048円	54,096円	81,144円
要介護4	309,380円	30,938円	61,876円	92,814円
要介護5	362,170円	36,217円	72,434円	108,651円

※支給限度額・自己負担額の数値は令和元年10月1日以降の数値

に、利用者が負担する介護サービス費、食費、居住費等に関して4分の1にあたる金額について助成します。利用にあたっては、あらかじめ東京都に軽減実施事業所として届け出ていたサービス事業所を利用することが必要です。

② 特定入所者介護サービス費

　一定の低所得者について、介護保険施設の利用料における、食費と居住費の軽減が認められる制度です。次ページの図にあるように、それぞれの負担段階区分に応じて自己負担の上限が定められており、利用者はその分を支払うだけですみます。基準費用額と負担限度額の差額が特定入所者介護サービス費として軽減されます。支給対象は、負担段階区分の第1段階から第3段階の者です。食費・居住費の負担軽減を受けるためには、介護保険負担限度額認定申請書（178ページ）を提出し、介護保険負担限度額認定証の交付を受けることが必要になるため、市区町村に手続きについて確認してみるとよいでしょう。

■ 保険料の支払滞納者にもサービスが提供されるのか

　介護保険料の納付は国民の義務ですので、滞納があるとさまざまな方法で徴収が行われます。まず、滞納があると保険者である

● 施設サービスの利用料の自己負担額・目安

	要介護1	要介護2	要介護3	要介護4	要介護5
介護老人福祉施設 （従来型個室）	573円	641円	712円	780円	847円
介護老人保健施設（Ⅰ） （従来型個室・基本型）	714円	759円	821円	874円	925円
療養型介護療養施設（Ⅰ） （従来型個室）	593円	685円	889円	974円	1,052円

※ 厚生労働省「介護報酬の算定構造」（2021年4月介護報酬改定）を基にして掲載
　表中の金額は該当施設を1日利用した場合の利用者の自己負担額の目安
　施設サービスの種類により、かかる費用は異なってくる

市町村から督促状などによる請求が行われます。それでも支払われない場合は滞納保険料に延滞金が加算され、場合によっては貯蓄や不動産といった財産を差し押さえられることもあります。

　また、介護サービスを受けているにもかかわらず、介護保険料を1年以上支払っていない人に対しては、いったん介護サービスの利用料を全額本人に負担してもらい、申請によって保険給付分を返還するという形でサービス提供が行われます。これを償還払いといいます。被保険者が1年6か月以上保険料を滞納すると、今度は本来払い戻されるはずの保険給付分が滞納保険料に充当されます。つまり、保険給付は一時差止めということになり、滞納保険料が支払われるまで介護サービスの代金を利用者が自己負担することになります。

　利用者が保険料を納めることができる期間は2年ですので、2年経過するとその期間の保険料の納付は認められなくなります。この場合、未納期間に応じて自己負担が1割から3割に増加するなどの措置がとられます。なお、自己負担割合が3割の場合は、4割に増加します。

● 特定入所者介護サービス費が支給されるための自己負担の上限

段階	ユニット型個室	ユニット型個室的多床室	従来型個室（特養など）	従来型個室（老健・療養型など）	多床室（特養、老健・療養型など）	食費
第1段階	820円	490円	320円	490円	0円	300円
第2段階	820円	490円	420円	490円	370円	390円(600円)
第3段階①	1,310円	1,310円	820円	1,310円	370円	650円(1,000円)
第3段階②	1,310円	1,310円	820円	1,310円	370円	1,360円(1,300円)

※（　）内は、短期入所生活介護または短期入所療養介護を利用した場合の額です

第38号様式(第69条関係)

介護保険負担限度額認定申請書

○ 年 ○ 月 ○ 日

(申請先)
　　新宿区長　宛て

次のとおり関係書類を添えて、食費・居住費(滞在費)に係る負担限度額認定を申請します。

フリガナ	シンジュク　タロウ	保険者番号	×××××
被保険者氏名	**新宿　太郎**	被保険者番号	0000123456
		個人番号	123456789123
生年月日	昭和○　年 ○ 月 ○ 日	性別	⑨・女
住所	〒160-8484　新宿区歌舞伎町1-4-1　電話番号 5273-4176		

入所(院)した介護保険施設の所在地及び名称(※)	〒 160-○○○○　　新宿区○-○-○　介護老人保健施設　○○○○　電話番号　5273-○○○○	1　特別養護老人ホーム ②　介護老人保健施設 3　介護医療院 4　介護療養型医療施設 5　地域密着型特養ホーム 6　その他(ショートステイ)
入所(院)年月日(※)	令和○　年 ○ 月 ○ 日	

(※)介護保険施設に入所(院)していない場合及びショートステイを利用している場合は、記入不要です。

下記の「配偶者」には、世帯分離をしている配偶者、本人と住民票上の住所が異なる配偶者又は内縁関係の方を含みます。

配偶者の有無	㈲・無 □特段の事情(　　　　　)	左記において「無」の場合は、以下の「配偶者に関する事項」については、記入不要です。	
配偶者に関する事項	フリガナ	シンジュク　ハナコ	生年月日	昭和○年 ○ 月 ○ 日
	氏名	**新宿　花子**	個人番号	123456789012
	住所	〒 160-8484　新宿区歌舞伎町1-4-1　電話番号 5273-4176		
	本年1月1日現在の住所	〒　　　　　　　　　　　　　　　　　　※現住所と異なる場合は、記入する。		
	課税状況	区市町村民税　　課税 ・ ㊙課税		

収入等に関する申告	□ 生活保護受給者／又は区市町村民税世帯非課税である老齢福祉年金受給者①です。		
	✔ 区市町村民税世帯非課税者であって、課税年金収入額と 　非課税年金収入額とその他の合計所得金額の合計額が	非課税年金収入額に関する申告	㈲・無
	□　年額80万円以下です。②		有の場合
	✔　年額80万円を超え、120万円以下です。③		✔遺族年金 　　　　(★)
	□　年額120万円を超えます。④		□障害年金
預貯金等に関する申告 ※通帳等の写しは、別添のとおり	✔ 預貯金、有価証券等の金額の合計が ①の方1,000万円(夫婦は2,000万円)／②の方650万円(夫婦は1,650万円) ③の方　550万円(夫婦は1,550万円)／④の方500万円(夫婦は1,500万円) 以下です。※第2号被保険者の場合は、1,000万円(夫婦は2,000万円)以下です。		
	預貯金額　**500万**円	有価証券等 (評価概算額)　0 円	その他(現金・負債を含む。)　0 円

(★)寡婦年金、かん夫年金、母子年金、準母子年金及び遺児年金を含みます。

申請者が被保険者本人の場合には、下記について記入は不要です。

申請者氏名	**新宿　花子**	連絡先(自宅・勤務先) 5273-4176
申請者住所	**新宿区歌舞伎町1-4-1**	本人との関係　　**妻**

注意事項
1　預貯金等については、同じ種類の預貯金等を複数保有している場合は、その合計を記入してください。書き切れない場合は、余白に記入するか又は別紙に記入の上添付してください。
2　虚偽の申告により不正に特定入所者介護サービス費等の支給を受けた場合には、介護保険法第22条第1項の規定に基づき、支給された額及び最大2倍の加算金を返還していただくことがあります。

Q 介護保険を利用する際に、どんな場合に料金が加算されるのでしょうか。

A 加算とは、介護保険を利用して受けることのできるサービスに加え、別のサービスを利用した場合に追加される介護料金のことです。介護施設の運営者は、施設利用者に対して国によって定められた基準に沿った介護サービスを提供した際に、その報酬として「介護報酬」を受け取ることになります。そして、施設側が、前述の基準に沿った介護サービスに上乗せをする形で、職員の配置や時間帯の延長、送迎の実施などを行うことにより、提供する介護サービスをより充実させた場合に、施設の利用者に対して介護報酬を「加算」できるというシステムが取られています。

　加算の内容は、職員の数など目に見えるものもあれば、利用者からは一見わかりにくい内容のものもあり、種類はさまざまです。加算額も内容に応じて決められており、中には1か月当たりの加算額が3000円を超える場合なども見られます。施設への入所を検討する場合は、これらの加算額についてあらかじめ頭に入れた上で、施設における加算システムや加算にふさわしいサービスが提供されているか、などの観点から選択していく必要があります。

　なお、実際に行われている加算の具体例として、たとえば看護体制加算が挙げられます。これは常勤の看護師の配置や、24時間体制での看護師配置がされている場合に行われます。その他、職員を充実させた場合に行われる加算には夜間職員配置加算や個別機能訓練加算などがあります。食事に関する加算としては栄養マネジメント加算、口腔衛生管理体制加算、療養食加算も挙げられます。このうち、療養食加算については、個人を対象としているため注意が必要です。その他、認知症専門ケア加算、看取り介護加算、日常生活継続支援加算、令和4年10月からは、介護職員等ベースアップ等支援加算が新たに創設されています。

4 高齢者が加入する公的医療保険について知っておこう

高齢者は国民健康保険や後期高齢者医療制度に加入するケースが多い

■ 医療保険制度はどうなっているのか

医療保険とは、本人（被保険者）やその家族に病気・ケガ・死亡・出産といった事態が生じた場合に、一定の現物給付や金銭の支給を行う制度です。日本の場合、個人で契約して加入する私的医療保険の他に、日本の全国民が医療保険に加入することができる公的医療保険制度が整えられています（国民皆保険）。

日本の公的医療保険制度には、労災保険、健康保険、船員保険、共済組合、後期高齢者医療制度などがあり、職業や年齢に従って利用できる医療保険制度を活用することになります。

一般の会社員であれば、通常はケガや病気をしたときには、業務・通勤中の事故や病気であれば労災保険、業務外の事故や病気であれば健康保険という医療保険制度を利用します。

これに対して、高齢者の場合、公的医療保険の中心となる制度は国民健康保険や後期高齢者医療制度です。

■ 国民健康保険とは

国民健康保険とは、社会保障や国民の保健を向上させるために設けられた医療保険の制度で、略して「国保」とも呼ばれています。

加入者である被保険者の負傷、疾病、出産、死亡などに関して、国民健康保険法に基づいた給付が行われます。

国民健康保険の加入対象は、健康保険や船員保険などが適用されない農業者、自営業者、そして企業を退職した年金生活者などで、現住所のある市区町村ごとに加入します。

国民健康保険料の料率は市町村により異なり、被保険者の前年の所得や世帯の人数などを加味した上で定められます。

国民健康保険の給付は、基本的には会社員の加入する健康保険とほぼ同じで、具体的な給付内容は下図のとおりです。

ただ、治療内容や調剤の中には、国民健康保険制度ではカバーすることができないものもあります。

たとえば、差額ベッド代などが挙げられます。差額ベッド代とは、差額室料とも呼ばれるもので、病気やケガで入院する場合に「気を遣いたくない」などの理由から、個室もしくは少人数制

● 国民健康保険の給付内容

種　類	内　容
療養の給付	病院や診療所などで受診する、診察・手術・入院などの現物給付
入院時食事療養費	入院時に行われる食事の提供
入院時生活療養費	入院する65歳以上の者の生活療養に要した費用の給付
保険外併用療養費	先進医療や特別の療養を受けた場合に支給される給付
療養費	療養の給付が困難な場合などに支給される現金給付
訪問看護療養費	在宅で継続して療養を受ける状態にある者に対する給付
移送費	病気やケガで移動が困難な患者を医師の指示で移動させた場合の費用
高額療養費	自己負担額が一定の基準額を超えた場合の給付
高額介護合算療養費	医療費と介護サービス費の自己負担額の合計が著しく高額となる場合に支給される給付
特別療養費	被保険者資格証明書で受診した場合に、申請により、一部負担金を除いた費用が現金で支給される
出産育児一時金	被保険者が出産をしたときに支給される一時金
葬祭費	被保険者が死亡した場合に支払われる給付
傷病手当金(任意給付)	業務外の病気やケガで働くことができなくなった場合の生活費
出産手当金(任意給付)	産休の際、休業補償として支給される給付

の病室を本人が希望した場合にかかる費用です。この差額ベッド代が必要となる病室は、原則として個室〜4人までの部屋のことで特別療養環境室といいます。このような病室を選択することは、病気やケガの治療行為とは直接の関係がなく、よりよい環境を求めて行う行為であることから、保険の適用外とされています。

■64歳以前の人とは取扱いが変わる

65歳以上の人の公的医療保険については、平成20年4月から施行されている高齢者の医療の確保に関する法律（高齢者医療確保法）により、64歳以前の人とは異なる医療保険制度が適用されています。

具体的には、65歳から74歳までの人を対象とした前期高齢者医療制度と、75歳以上（言語機能の著しい障害など一定の障害状態にある場合には65歳以上）の人を対象とした後期高齢者医療制度（長寿医療制度）が導入されています。

■前期高齢者医療制度とは

前期高齢者医療制度とは、65歳〜74歳の人を対象とした医療保険制度です。前期高齢者医療制度は後期高齢者医療制度のように独立した制度ではなく、制度間の医療費負担の不均衡を調整するための制度です。

したがって、65歳になったとしても、引き続き今まで加入していた健康保険や国民健康保険から療養の給付などを受けることができます。就労中の場合は、給料からの介護保険料の天引きがなくなります。

医療費の自己負担割合については、69歳まではそれまでと同様に3割ですが、70歳の誕生月の翌月からは原則として2割となり、1割引き下げられます。ただし、70〜74歳の者であっても、一定以上の所得者（課税所得145万円以上の者）の場合には自己負

担割合は3割です。

■ 後期高齢者医療制度とは

　後期高齢者医療制度は、75歳以上の人に対する独立した医療制度です。国民健康保険や職場の健康保険制度に加入している場合でも、75歳になると、それまで加入していた健康保険制度を脱退し、後期高齢者医療制度に加入します。75歳以上の人の医療費は医療費総額中で高い割合に相当するため、保険料を負担してもらうことで、医療費負担の公平化を保つことが、この制度が作られた目的です。後期高齢者医療制度に加入する高齢者は、原則として、1割負担または3割（現役並み所得者）で病院での医療を受けることができます。利用者負担の金額が高額になった場合、一定の限度額（月額）を超える額が払い戻されます。医療保険と介護保険の利用者負担の合計額が高い場合にも、一定の限度額（月額）を超える額が払い戻されます。

　なお、後期高齢者医療制度の医療費窓口負担については見直しがあり、令和4年10月からは、現役所得並みの所得者ではないけれど一定額以上の所得がある人は、窓口負担割合が2割となるよう改正が行われました。

● 高齢者の医療費の自己負担割合

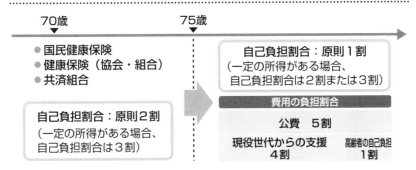

本人の状況、必要な支援の程度と期間・費用等を総合的に考える

■財産管理についての情報を手に入れる

　実際に財産管理を他人に委ねることを考えたとき、また将来の自分や家族の生活を安定させようと考えたとき、どの制度を利用すればよいのか、わからなくなることもあると思います。専門家に相談したり、自治体の相談窓口に相談する前に、ある程度自分で理解しておくことは、さまざまな場面で役立ちます。各地域の福祉相談窓口や専門家による支援センター、法務省や厚生労働省といった政府機関のホームページでも各制度についてわかりやすく説明がなされています。こうしたホームページも参照してみるとよいでしょう。

■まずは親の財産を把握する

　いざ親の介護が必要となり、さまざまな費用がかかることになったという時点において、「親の財産がどのようになっているのか全く見当がつかない」という状態になってしまうと、とても面倒なことになります。当面は子が費用を立て替えることで場をつなぐことはできますが、これは非常に負担のかかることです。また、親が自分の財産の保管状況について口頭でしっかりと説明することができればよいのですが、もしものときにはさまざまな原因によって説明ができない状態に陥っているかもしれません。

　そこで、親の判断能力がしっかりとしているうちに、預貯金・有価証券・不動産などの財産、加入している保険などについては、リストを作っておいてもらい、いざというときに子などの第三者が財産状況を把握できるよう、準備をしておいてもらうべきで

しょう。リストを作成したとしても、その情報の詳細を、直ちに子に開示する必要性はありません。リストを作成したことと、どこに保管してあるかということ、いざというときに内容を確認してほしいということさえ伝えてあれば、十分だといえるでしょう。

　また、預貯金口座に入っているお金を窓口で引き出せるのは、原則として本人だけです。いくら親の介護・医療費に充てるためとはいえ、親の口座のお金を子が代わりに引き出すことはできません。そこで、あらかじめ一定の金額を「介護・医療費用」の口座に入れておき、その口座のキャッシュカードの保管場所・暗証番号などを子に伝えておくなどという対策をとっておくことも有効な手段です。

　ただし、親子とはいえ、財産の情報の取扱いには十分気をつけなければなりません。親としては、元気なうちから財産状況を子にすべて開示することには抵抗があるでしょう。また、他の子には全く何の話もしないままに「長男だけには教えておく」といった方法をとってしまうと、他の兄弟姉妹から後々「兄さんだけが財産を独り占めしようとしている」などと思われ、トラブルに発展する可能性もあります。

　財産に関することは、なるべく兄弟姉妹によって差が生じないよう、相談・報告をしておくことが大切です。元気なうちからすべての情報を開示しておく必要はありませんが、変に秘密裡に進めてしまうことで厄介な問題を引き起こしたり、時には横領や着服の問題に発展してしまう場合もあります。こうした点には十分配慮した上で、慎重に話を進めていく必要があるでしょう。

■財産管理を人に頼みたい場合の手段

　財産の管理については、信託、法定後見、任意後見、財産管理委任契約、といった複数の方法が考えられます。親自身の判断能力が衰えてしまうとこのような制度を利用することも難しくなり

ますから、親と相談した上で、どのような方法で財産を管理するかを親に決めておいてもらうとよいでしょう。

・現時点で判断能力が十分ある場合

　親が、「今のところ判断能力は十分だが、少しずつ物忘れが増えてきているため、今のうちに自分の将来に備えておきたい」と考えているケースでは、現時点では判断能力に問題がないため、法定後見制度（189ページ）を利用することができません。このような場合、任意後見契約や財産管理委任契約を結ぶか、信託を利用することが考えられます。この場合、判断能力が実際に不十分になってから他人の支援を必要とする場合には任意後見契約を考え、判断能力が十分な現時点から財産管理を他人にまかせたい場合には原則として財産管理委任契約を結ぶのが妥当でしょう。信託については、契約の定め方によってはどちらの場合にも利用することができますが、金融機関などのサービスを利用する場合にはある程度の信託財産が必要になります。

・現時点で判断能力が不十分な場合

　既に親の判断能力が不十分な状態の場合、法定後見制度の利用を考えてみましょう。他の制度を利用するには契約が必要になります。契約には判断能力が必要とされますから、判断能力が不十分であることが利用の前提となる法定後見制度の利用を考えるわけです。法定後見には後見・保佐・補助がありますが、本人の判断能力の状況とどの程度の支援を求めるかによって申し立てる種類を決めるとよいでしょう。特に注意すべき点として、後見は後見人に全面的に支援を依頼することができますが、本人の判断能力の不十分さについてはかなり重度の状態が求められるということがあります。

　また、保佐や補助はある程度支援内容を自由に定めることができますが、補助の場合には鑑定書が不要というメリットがあります。鑑定書の作成には結構な費用と時間がかかりますから、判断

能力がある程度残っている場合には補助開始の申立てを検討するとよいでしょう。

社会福祉協議会に財産の管理を相談する

日常生活自立支援事業は、都道府県の社会福祉協議会が実施主体となって行っている制度です。対象者は、認知症の高齢者や知的障害者、精神障害者などのうち、判断能力が不十分な人で、かつ福祉サービスの利用や金銭管理が難しい人です。ただし、日常生活自立支援事業は、本人を支援するサービス内容の範囲が狭いという欠点があり、金銭管理だけのサポートを頼むことは難しくなっています。サービスの具体的な内容は、実施主体によって異なっています。なお、日常生活自立支援事業は、利用する本人にもある程度の判断能力が求められますので、成年後見制度よりは利用できる人が少ないといえます。

● 財産管理を人に委ねる方法

	現在 （判断能力あり）	現在 （判断能力不十分）	将来 （判断能力不十分）
法定後見	利用不可	利用可能	利用継続
任意後見	任意後見契約 締結可（効力未発生）	原則契約締結不可	任意後見契約締結済みの場合、利用可能
財産管理委任契約	利用可能	契約締結能力がない場合には不可	契約締結能力がなくなった場合不可（通常、任意後見契約とセットで契約するので、その場合は任意後見に移行）
信託	利用可能	契約締結能力がない場合には不可	判断能力があるときに信託契約を結んでいた場合にはその内容に従って運用される

6 成年後見制度とはどんな制度なのか

判断能力の衰えた人の保護と尊重を考えた制度である

■ 判断能力が不十分な人を助ける制度

　成年後見制度とは、精神上の障害が理由で判断能力を欠く人や不十分な人が経済的な不利益を受けることがないように、支援する人（成年後見人等）を選任する制度です。精神上の障害とは、知的障害や精神障害、認知症などです。

　成年後見制度を利用するとメリットがある一方で、デメリットもあります。成年後見の開始の申立てをしてから実際に後見が開始するまでの手続きに時間がかかります。急いでいるときにすぐには利用できないという点や資産活用が限定的となる点もデメリットだといえます。手続きが迅速性に欠ける点については、任意後見制度を利用してあらかじめ準備をしておいたり、財産管理等委任契約を結ぶといった方法で対応することもできます。

　成年後見人等は、本人の身の回りの事柄に注意しながら、本人の生活や医療、介護といった福祉に関連した支援や管理を行います。

　成年後見人等が行う支援とは、本人に代わって不動産の売買を行ったり（代理）、本人が行った売買契約に同意を与えることです。権限の種類や内容はそれぞれ異なっており、保佐や補助では支援者に同意権が認められているのに対し、成年後見では支援者に同意権がないといった違いがあります。ただし、どの制度を利用している場合でも、日用品の購入などの日常生活上行う売買などは、成年後見人等の仕事の対象とはなりません。これらの行為は、本人が単独でしても取り消すことができません。

　なお、成年後見人等が支援できる内容は、財産管理や契約など

の法律行為に関するものに限られています。食事の世話や入浴の補助といった介護関係の仕事（事実行為）は成年後見人等の仕事には含まれません。

　成年後見制度は、法定後見制度と任意後見制度からなります。任意後見制度は本人の判断能力が低下する前から準備をしておいて利用しますが、法定後見制度は判断能力が実際に衰えた後でなければ利用できません。法定後見の場合には、精神上の障害や認知症などによって判断能力が不十分な人のために、家庭裁判所が選任した成年後見人等が、本人の財産管理の支援、介護保険などのサービス利用契約についての判断など、福祉や生活に配慮して支援や管理を行います。成年後見人・保佐人・補助人の候補者が決まっていない場合、家庭裁判所が本人に適する人を選任します。その際、候補を配偶者に限らず、介護や法律の専門家など幅広い候補の中から、本人の事情を考慮して適任者を選びます。また、成年後見人等は、複数人が選任される場合もあります。

■ 法定後見には３種類ある

　法定後見制度は、後見、保佐、補助の３つに分かれ、本人の精神上の障害の程度によって区別されます。

● 成年後見人等の仕事に含まれないもの

仕事に含まれない行為	具体例
実際に行う介護行為などの事実行為	料理・入浴の介助・部屋の掃除
本人しかできない行為	婚姻・離縁・養子縁組・遺言作成
日常生活で行う法律行為	スーパーや商店などで食材や 日用品を購入
その他の行為	本人の入院時に保証人になること 本人の債務についての保証 本人が手術を受ける際の同意

① 後見

判断能力が欠けている人を対象としています。精神上の障害によって判断能力のない状態が常に続いている状況にある人を支援します。支援する人は、成年後見人と呼ばれます。

② 保佐

判断能力が著しく不十分な人を対象としています。精神上の障害によって著しく判断能力が不十分な人を支援します。簡単なことは自分で判断できるものの、法律で定められた一定の重要な事項については、支援してもらわなければできないような場合です。本人を支援する人を、保佐人と呼びます。

③ 補助

精神上の障害によって判断能力が不十分な人を対象としています。本人を支援する人を補助人と呼びます。保佐と補助の違いは、本人の判断能力低下の程度です。

被補助人の場合、成年被後見人や被保佐人と比べると本人に判断能力が認められる状態ですので、補助人に認められる取消権や代理権も「申立ての範囲内」で付与されることになる点が特徴です（下図）。

● 法定後見と任意後見における取消権と代理権

		取消権	代理権
法定後見	成年後見人	日常生活に関するものをのぞくすべての法律行為	財産に関するすべての法律行為
	保佐人	民法13条1項所定の本人の行為について取り消せる	申立ての範囲内で審判によって付与される
	補助人	申立ての範囲内で審判によって付与される	申立ての範囲内で審判によって付与される
任意後見		なし	任意後見契約で定めた事務について

7 任意後見制度について知っておこう

任意後見契約は公正証書で作成しなければならない

■ 任意後見契約を結ぶ

　任意後見とは、将来、自分の判断能力が衰えたときのために、受けたい支援の内容と、支援をしてもらえる任意後見人（任意後見受任者）を決めておき、あらかじめ公正証書による契約をしておく制度です。支援内容とは、不動産の売買などの財産管理や介護サービス利用時の手続きと契約などです。将来、本人の判断能力が不十分になったときに、任意後見人（任意後見受任者）などが家庭裁判所に任意後見監督人選任の申立てを行うことで、任意後見が開始されます。

　任意後見が実際に開始される前に、支援する人と本人の間で将来の後見事務について取り決める契約を任意後見契約といいます。

　任意後見の契約書は、本人と任意後見受任者が公証役場に出向いて、公正証書で作成します。公証役場では、本人の意思と代理権の範囲などを公証人が確認します。任意後見契約書を作成した後、公証人は、管轄の法務局に任意後見契約の登記を嘱託します。法務局では任意後見契約について、本人と任意後見受任者が誰であるか、代理権の範囲がどの程度であるか、といった内容が登記されます。

　本人と任意後見受任者の間で任意後見契約を結んだだけでは、効力は発生しません。実際に任意後見監督人が選任されたときに任意後見受任者は任意後見人となり、効力が発生します。

　任意後見監督人は、任意後見人が任意後見契約の内容に従って後見事務を行っているかどうかを監督します。

任意後見契約には次ページ図のように、将来型、移行型、即効型の３パターンがあります。

公正証書の作成方法と費用

　公正証書は、公証役場で公証人が法律に従って作成する公文書です。原則として公証人は、公証役場で仕事を行っていますが、体力的な理由などで公証役場に本人が出向けないような場合、本人の自宅や入院先などに公証人の方が出向いて公正証書を作成することもあります。

　任意後見契約公正証書を作成する場合には、戸籍謄本や住民票など本人であることを確認できるものを持っていく必要があります。公正証書を作成する費用は以下のとおりです。

・公正証書作成基本手数料　1万1000円
・登記嘱託手数料 1,400円
・法務局に納付する印紙代 4,000円
・書留郵便の料金 約540円
・用紙代 250円×枚数分

任意後見契約の終了

　任意後見契約は、任意後見契約の解除、任意後見人の解任、本人について法定後見の開始、本人の死亡、任意後見人の死亡などにより、終了します。通常の委任契約であれば、当事者の一方の申し出あるいは両者の合意によって、いつでも解除できますが、任意後見契約は、条件を満たした場合にはじめて解除できます。任意後見契約では、任意後見監督人が選任される前に解除する場合と選任後に解除する場合とで、条件が異なります。任意後見監督人が選任される前に解除する場合には、本人か任意後見受任者のどちらからでも解除できます。解除を申し入れる場合、公

証人の認証を受けた解除通知書を相手に送る必要があります。認証とは、署名や署名押印、記名押印が本人のものであることを公証人が証明することです。任意後見監督人選任後に解除する場合は、解除するのに正当な理由や事情がある場合に、家庭裁判所の許可を受け、解除できます。

　任意後見人の解任は、本人や本人の配偶者や親族、任意後見監督人、検察官が家庭裁判所に請求できます。任意後見人が職務を行うにはふさわしくないと判断された場合に解任されます。

　本人や任意後見人が死亡した場合、契約終了となります。任意後見人が破産手続開始決定を受けた場合や、任意後見人自身が後見開始の審判を受けた場合にも、任意後見契約は終了します。

● 任意後見契約利用のポイント

	将来型	移行型	即効型
財産管理の方針・制度利用の目的	将来判断能力が低下した時になってはじめて支援を頼む	将来判断能力が低下した時はもちろん、判断能力のある現在から支援を頼む	既に判断能力が落ちてきつつある現在からすぐに支援を頼む
任意後見契約締結時の状態	判断能力が十分にあり、自分のことは自分ですべて行える	現在、判断能力は十分にある	現在、判断能力が落ちてきているが、任意後見契約の締結を行う能力はある
契約締結後の動き（実際に行うこと）	任意後見契約を締結するにとどまる。将来判断能力が低下したときに、任意後見監督人選任の申立てを行う	任意後見契約と委任契約を同時に結んでおき、早速、委任契約に基づいて財産管理をゆだねる	任意後見契約を締結してすぐに任意後見監督人選任の申立てを行い、任意後見を開始する

自分に代わって財産を管理してもらう契約

■ 財産管理委任契約とは

「判断能力が衰えてからではもう遅い。あらかじめ財産の管理をしっかり整えておきたい」という場合、親自身が契約を結び財産の管理を人に任せるという方法があります。

このような場合、自分に代わって財産を管理してもらうように財産管理委任契約を結びます。任せる人に代理権を与えることから、任意代理契約と呼ばれることもあります。財産管理委任契約では、財産管理の他に身上監護の事務を任せる契約を結ぶことができます。なお、任意後見契約と同時に財産管理委任契約も結ぶことができます。

■ 財産管理委任契約の依頼内容

財産管理委任契約で委任を受けた人のことを受任者といいます。財産管理委任契約で受任者に委任（依頼）する内容として定める事項は大きく2つに分かれます。1つは財産管理、もう1つは身上監護（生活・療養看護に関する事務のこと）と呼ばれるものです。

財産管理とは、受任者が本人の財産を適切に管理することをいい、具体的には銀行での現金の引出し・預入れ・振込、家賃・電気・ガス・水道・電話代などの支払い、保険の契約・解約、保険金の請求といった事項のことを意味します。

一方、身上監護とは、医療や介護など、本人の心身を守るために必要なサービスの利用に関わる事務処理のことです。介護などの身の回りの世話を行うこと（事実行為）は、身上監護の範囲の

中には含まれていませんので注意しましょう。身上監護の具体例
は以下のとおりです。

・入院するときの手続き
・介護施設に入所するときの手続き
・入院中・退院時に必要となる手続き
・介護保険の要介護認定の申請
・介護サービスの利用時に必要な手続き
・介護サービスの内容の変更、解除、契約更新など
・医療・介護サービスを利用したときの費用の支払い

■財産管理委任契約締結のメリット

　銀行などの金融機関の口座から多額の現金を引き出す場合、本
人確認が必要になります。定期預金口座の解約や多額の振込を行
う場合も同様です。

　このような本人確認が必要な行為を本人以外の者が行う場合に
は、本人が交付した委任状が必要になります。また、役所で戸籍
関係の書類や住民票などの交付を本人以外の者が請求する場合も、
原則として委任状が必要になります。

　しかし、財産管理委任契約は手続きの代行等を包括的に委任す
るので、結んでおくと、個々の手続きのたびに新たな委任状を作

● 財産を管理するための生前・死後の手段

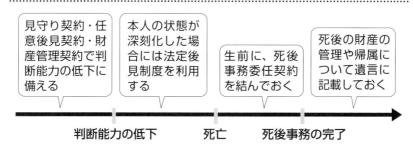

195

成する手間が省けます。契約後に本人が寝たきり状態になり、委任状を作成できない状況になったとしても、受任者は本人のために手続きをすることができます。

特に子が複数いる場合には、契約を結ぶメリットは大きいでしょう。身内に財産を危うくするような者がいる場合には、信頼のおける人に委任することで、自分の財産を守ることができます。子の中の一人に財産管理や療養看護を任せた場合に、その子が親の委任を受けて行っていることを、他の子をはじめとする周囲に対して、示すことができるからです。これによって、受任者である子は気兼ねなく親の手助けをすることができますし、親も他の者との兼ね合いを考える必要がなくなります。

■財産管理委任契約締結の注意点

財産管理委任契約の受任者を選ぶときに一番の基準とすべきことは、「その人が信頼できる人かどうか」ということです。候補者が専門家の場合には、月ごとに数万円程度の報酬を支払うことになりますから、遠慮したり妥協したりせずに、依頼内容にあった専門家を選ぶようにしましょう。

また、「受任者に権限を与えすぎない」ことも大事です。特に、財産管理を委任する場合には、財産の処分までは権限に含めないようにすべきでしょう。

■財産管理委任契約書の上手な作り方

財産管理を頼む相手が決まると、受任者に依頼する項目や付与する権限を定める財産管理委任契約を締結することになります。契約書は当事者間で自由に作成することもできますが、法律の専門家である公証人に作成してもらうことで後々のトラブルを防ぐことが可能になります。

Q 施設費用を捻出するために自宅を活用する方法にはどんな手段があるのでしょうか。

A 　自分に合った良い施設を探すことと共に重要な問題となるのが、施設費用をどのように捻出するかという問題です。たとえば、自宅を持っている場合、それを売却する選択肢もありますが、売却するには通常多くの時間がかかりますし、いざというときに戻ることのできる家を失うことになります。そこで、家を失うことなく資金を調達する方法を検討することが大切です。特に「マイホーム借り上げ制度」「信託」「リバースモーゲージ」という方法は、高齢者が施設費用を捻出していく手段として非常に有効とされています。

① **マイホーム借上げ制度**

　一般社団法人移住・住みかえ支援機構（JTI）が実施・運営しているマイホームの借上げ制度です。50歳以上の人のマイホームをJTIが借り上げて、住まいを探している人に転貸するしくみです。借上げの期間は最長で終身となっていますから、亡くなるときまで賃料収入を得ることが可能です。また、転貸の期間は3年ごとの更新制（定期借家権）になっていますから、再び自宅に戻りたい場合や売却したい場合は更新をやめることもできます。なお、一度借り手（転借人）がつけば、その後に借り手がつかない状態が生じても、JTIから一定の賃料保証を受けることができるというメリットがあります。

② **信託**

　信託とは、簡単に言えば、他人を信じて何かを託すことです。信託契約では、何かを他人に依頼する者を委託者、委託者から何かの依頼を受ける者を受託者、信託契約によって利益を受ける者を受益者といいます。たとえば、不動産を所有するAさんがいたとします。Aさんは、これまで自分で不動産を運用し、それによって得た利益で生計を立ててきました。しかし、高齢になったAさんは、次第に心身の衰え

を感じるようになり、自分で不動産の運用を続けていくことが負担になってきました。そこで、長男のBさんに不動産の運用を任せ、運用で得た利益を自分の生活費に充てるように頼みました。このとき、AB間で締結される契約が信託契約です。この信託契約では、Aさんが委託者および受益者、Bさんが受託者になります。

　信託契約を結ぶときは、財産の処分や信託の目的、受託者になる者が行うべきことなどを取り決めます。また、信託契約を結ぶと、信託した財産の名義は委託者から受託者へと変更されます。なお、信託をするには、信託契約の締結の他にも、自己信託、遺言による信託などの方法があります。

③　リバースモーゲージ

　リバースモーゲージは、自宅を担保にした年金制度の一種です。自宅を所有しているが、収入が少ないという高齢者が、自宅を担保にして金融機関から借金という形で年金を受け取ります。そして、高齢者の死亡時に、高齢者の自宅を相続人が売却して借入金を返済し、残額を相続人が取得します。介護や医療でお金がかかるが、その費用を工面するのが難しい場合などに有効な方法です。

　リバースモーゲージを行う際に信託を利用することもできます。委託者が自分の不動産に信託を設定し、信託不動産に根抵当権を設定することで、融資枠（極度額）の範囲内で金融機関から必要なときに融資を受けます。委託者の死亡後、信託不動産の売却によって融資が返済され、残額が生じた場合は相続人が相続します。信託を利用したリバースモーゲージには、複数の不動産を合わせて信託財産として年金の原資にできる、委託者死亡後の遺産整理が円滑に行われる、などのメリットがあります。一方、利用することのできるエリアが、主として都市部に制限されているのがデメリットです。

9 生活保護を受けなければいけなくなったらどうする

居住する市区町村の福祉事務所で申請を行う

どんな人が対象なのか

生活保護とは、月々の収入が一定以下で、預貯金等の資産もない人（要保護者）に対し、さまざまな扶助を行う制度です。要保護者の最低限度の生活を維持し、その自立を助長することを目的としています。なお、生活保護は原則として個人単位ではなく、生計を同一にしている世帯単位で支給が行われます。

生活保護を受けられるかどうかの大きな境目になる審査項目のひとつが、扶養義務のある親族からの援助です。扶養義務のある親族からの援助が期待できる場合は、生活保護を受けられないか、または受けられたとしても減額支給されることになります。

扶養義務のある親族は「3親等内の親族」です。このうち申請者の配偶者、直系血族（父母、養父母、子ども、祖父母など）、兄弟姉妹は、法律上扶養義務があることが明記されているため、絶対的扶養義務者といい、生活保護を申請した場合に、まず援助できないかが問われます。また、絶対的扶養義務者以外の3親等以内の親族（叔父叔母など）については、過去もしくは現在において申請者やその家族を援助している場合など、特別な事情がある場合に扶養義務を負います。この場合に扶養義務を負う人のことを相対的扶養義務者といいます。

また、生活保護の受給者が介護保険の受給資格者でもある場合には、いずれの給付を受けられるのかが問題になります。介護保険の受給資格者である以上、原則として介護保険が優先的に適用されます。そして、介護保険の自己負担部分である1割の利用料

を支払うにあたり、最低限度の生活水準の維持が困難な場合に、生活保護からの支給（介護扶助）が認められます。

生活保護の支給基準

生活保護を受ける場合、居住する市区町村の福祉事務所で申請を行います。

生活保護の具体的な支給額を決定する基準となるのが生活保護基準です。生活保護基準は、その世帯の人数や年齢などによって決められており、ここから最低生活費（水道光熱費や家賃、食費など、生活に必要となる最低限の費用）が算定されます。生活保護基準の金額（基準額）は市区町村によって異なり、物価の高い地域では基準額も高めに設定されています。

どんな給付が受けられるのか

生活保護の扶助には8つの種類がありますが、介護サービスの費用が生じた場合には、介護扶助が支給されます。たとえば、65歳以上の生活保護受給者が施設に入所した場合は、介護サービス利用料の9割が介護保険から支給され、残りの1割が生活保護の介護扶助から支給されることになります。

これは生活保護には他法優先の原則があるからです。同様に、障害福祉サービスを受けられる場合には、まず障害福祉サービスの支給を受け、残りの部分を介護扶助がカバーすることになります。なお、介護扶助は、指定介護機関（介護扶助による介護を委託する機関のこと）などに委託して行う現物給付が原則です。

世帯分離について

生活保護は世帯単位で保護を行う制度ですが、世帯の一部を同居の家族と分けて保護するために、世帯分離を行うことがあります。

たとえば、世帯員のうちに、稼働能力があるにもかかわらず収入を得るための努力をしない者がいる場合、このままではその世帯に属する全員が生活保護による扶助を受けることができません。そこで、他の世帯員が真にやむを得ない事情によって保護を要する状態にある場合には、世帯分離をすることによって、必要な扶助を受けることができるようになっています。

　世帯分離は、常時介護を要する寝たきりの高齢者などがいる世帯で、生活保持義務関係にある者の収入が一定以下である場合や、長期間にわたって入院・入所する者がいる世帯で、世帯分離を行わなければその世帯が要保護世帯となる場合などにも認められています。ただし、世帯分離は、福祉事務所が具体的な事情を踏まえた上で、その可否を判断するものです。したがって、要保護者やその家族が要望したからといって、必ず認められるような制度ではありません。

● 世帯分離と別世帯

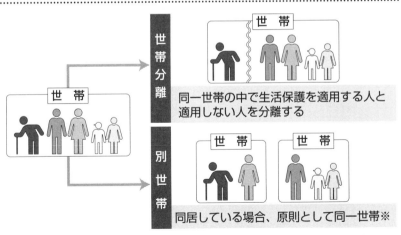

世帯分離：同一世帯の中で生活保護を適用する人と適用しない人を分離する

別世帯：同居している場合、原則として同一世帯※

※　ただし、同居していても、子どもの独立費用を貯める必要がある場合など、例外的に別世帯として扱われる場合がある

なお、世帯分離と異なる概念に別世帯があります。別世帯とは、家計だけでなく、生活の場も完全に別々であるという状況を意味します。

　両者の概念を混同しないように注意しましょう。

● 生活保護申請から決定までの流れ

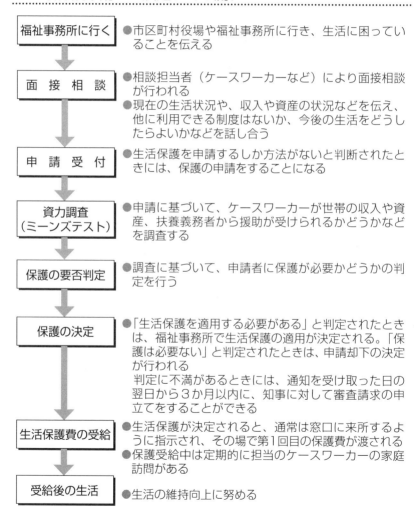

福祉事務所に行く	●市区町村役場や福祉事務所に行き、生活に困っていることを伝える
面 接 相 談	●相談担当者（ケースワーカーなど）により面接相談が行われる ●現在の生活状況や、収入や資産の状況などを伝え、他に利用できる制度はないか、今後の生活をどうしたらよいかなどを話し合う
申 請 受 付	●生活保護を申請するしか方法がないと判断されたときには、保護の申請をすることになる
資力調査（ミーンズテスト）	●申請に基づいて、ケースワーカーが世帯の収入や資産、扶養義務者から援助が受けられるかどうかなどを調査する
保護の要否判定	●調査に基づいて、申請者に保護が必要かどうかの判定を行う
保護の決定	●「生活保護を適用する必要がある」と判定されたときは、福祉事務所で生活保護の適用が決定される。「保護は必要ない」と判定されたときは、申請却下の決定が行われる 　判定に不満があるときには、通知を受け取った日の翌日から3か月以内に、知事に対して審査請求の申立てをすることができる
生活保護費の受給	●生活保護が決定されると、通常は窓口に来所するように指示され、その場で第1回目の保護費が渡される ●保護受給中は定期的に担当のケースワーカーの家庭訪問がある
受給後の生活	●生活の維持向上に努める

10 事故があった場合の施設への責任追及はどうする

安全配慮義務違反に基づく責任や使用者責任を追及できる

職員や施設はどんな責任を負うのか

　介護事故が発生した場合、職員や施設（事業者）は法律の規定に基づく責任を負います。具体的には、施設は民法415条に基づく債務不履行責任を負い、職員は民法709条に基づく一般不法行為責任を負います。また、職員（被用者）が一般不法行為責任を負う場合、その職員を雇用する施設（使用者）は、民法715条に基づく使用者責任も負うことになります。

　これらの責任を負うことになると、職員や施設は、利用者やその家族に対し、損害賠償や慰謝料を支払わなければならなくなります。以下、これらの責任の内容を確認していきましょう。

・債務不履行責任

　債務不履行責任とは、民法415条に基づき、相手方に対して一定の債務を負っている者が、その負うべき債務を履行しなかった場合に、相手方に生じた損害を賠償する責任のことです。

　施設は利用者との間で利用契約を結んでいます。つまり、施設は、利用者から利用料を支払ってもらう代わりに、利用者が施設内で安全・快適に生活することができる環境を整える債務を負います。言い換えると、施設は、利用者に対し、利用者が安全・快適に生活することができるよう配慮する義務を負っていることになります。このような義務のことを安全配慮義務といいます。

・一般不法行為責任

　一般不法行為責任とは、民法709条に基づき、故意または過失によって他人（被害者）の権利などを違法に侵害し、他人に損害

を与えた者（加害者）が、他人に生じた損害を賠償する責任のことです。一般不法行為責任の成立要件は、①加害者の故意または過失による行為に基づくこと、②他人の権利や利益を違法に侵害したこと、③加害行為と損害発生の間に相当因果関係があること、④加害者に責任能力があることです。

　たとえば、職員の不注意によって利用者が転倒し、転倒時に利用者が骨折した場合は、①②③の要件が肯定されます。④の責任能力は、加害者が幼年者や心神喪失者などの場合のみ否定されるため、通常の職員が起こした介護事故の場合は、問題なく肯定されるといえるでしょう。

・施設の負う使用者責任

　使用者責任とは、民法715条に基づき、ある事業のために他人（被用者）を使用する者（使用者）は、その他人が事業の遂行中に第三者に加えた損害を賠償しなければならないとする制度のことです。前述した一般不法行為責任と共に、不法行為責任の一類型に属します。したがって、施設が使用者責任を負うのは、職員が事業の遂行中に利用者などに損害を与えて一般不法行為責任を負う場合です。ただし、職員の選任・監督にあたって、施設が相当の注意をしたときや、相当の注意をしても損害が生じることを防げなかったときは、施設は使用者責任を問われません。

　なお、施設が使用者責任に基づき利用者などに対して賠償金を支払った場合、施設は職員に対して求償（不利益を受けた分の支払いを請求すること）をすることができます。反対に、職員が一般不法行為責任に基づき利用者などに対して賠償金を支払った場合、職員は施設に対して求償をすることができます。

■ 過失相殺とは

　発生した損害や損害の拡大について被害者にも一定の責任があ

る場合、加害者がすべての損害について賠償責任を負うとするのは公平ではありません。そこで、被害者にも損害の発生や拡大について過失がある場合には、その分を損害賠償額の計算に反映させることになっています。これを過失相殺といいます。

　職員や施設の不法行為または債務不履行に際し、利用者にも過失があり損害の発生や拡大の一因になった場合、損害額から利用者の過失割合に相当する額が差し引かれます。たとえば、利用者の損害額が500万円であっても、利用者の過失が3割と認定されれば、利用者に賠償すべき額は「500万円×（1－0.3）＝350万円」となります。

　なお、過失割合を認定する基準に関しては、法律の定めが存在しないため、事案ごとに個別的に判断されます。また、被害者にも損害の発生や拡大について過失がある場合、不法行為責任が問われているときは、過失相殺を行うかどうかは裁判所の裁量に委ねられますが、債務不履行責任が問われているときは、裁判所が必ず過失相殺を行います。

● 使用者責任の追及

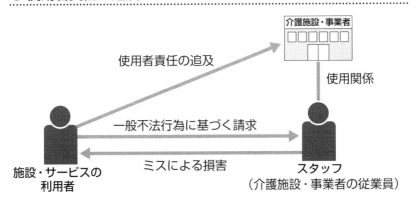

介護施設・事業者

使用者責任の追及

使用関係

一般不法行為に基づく請求

ミスによる損害

施設・サービスの
利用者

スタッフ
（介護施設・事業者の従業員）

11

介護施設で起きる事故の種類を おさえておこう

転倒・転落事故は発生件数が最も多い

■ さまざまな事故が発生する

　介護施設で起きる可能性がある事故にはさまざまなものがあり、主なものには、①転倒・転落事故、②誤嚥・誤飲事故、③身体拘束、④床ずれ、⑤徘徊・無断外出・失踪、⑥管理の不備に基づく事故と責任などがあります。順に見ていきましょう。

■ 転倒・転落事故とは

　介護施設で発生している事故の中で、発生件数が最も多いのが転倒・転落事故です。たとえば、歩行中の転倒事故や、ベッドや車いすからの転落事故が多く発生しています。転倒・転落事故の特徴は、場所や時間を問わず、いつでもどこでも起こり得るという点にあります。

　施設の帰責事由（責められるべき理由があること）または職員の過失（不注意）などによって利用者が転倒・転落して負傷した場合には、利用者や家族から損害賠償や慰謝料を請求されることがあります。たとえば、施設に帰責事由があると判断されると、安全配慮義務違反（利用者が施設内で安全に生活できるようにする義務に違反すること）があったと判断され、施設は債務不履行に基づく損害賠償責任を問われることになります。

■ 誤嚥・誤飲事故とは

　誤嚥とは、食べ物が誤って気管に入ってしまうことで、嚥下（食べ物を飲み込むこと）機能が低下した高齢者が起こしやすい

ものです。誤飲とは、本来飲み込まないもの（硬貨、タバコ、医薬品など）を誤って飲んでしまうことです。誤嚥・誤飲は、肺炎（誤嚥性肺炎）、呼吸困難、窒息、死亡など、重篤な結果を引き起こす原因になります。誤嚥・誤飲による事故は、転倒・転落事故に次いで、発生件数の多い介護事故になっています。

施設の帰責事由や職員の過失などが原因で誤嚥・誤飲事故が発生し、利用者に損害が及んだ場合にも、利用者や家族から損害賠償や慰謝料を請求されることがあります。帰責事由や過失があるが否かは、①どのような食材を食べさせたか、②異変発覚後の対応はどうであったか、③誤嚥・誤飲と損害との間に因果関係があるか、といった点を総合的に考慮して判断されます。

なお、誤嚥・誤飲による事故は、転倒・転落事故に比べて帰責事由や過失が認められにくいという特徴があります。ただし、帰責事由や過失があると判断されたときは、利用者側に対して何千万円という多額の損害賠償責任を負わされる可能性があります。

■ 身体拘束とは

身体拘束とは、介護施設の入所者を固定し、その身体の自由をきかなくさせる行為です。身体拘束については、利用者の人権を侵害する行為とされ、虐待とみなされる可能性があります。

厚生労働省は「身体拘束ゼロへの手引き」の中で、基本的に身体拘束を廃止する方針を打ち出すと共に、緊急やむを得ない場合の対応として、例外的に身体拘束を行うための要件を示しています。つまり、利用者や他の利用者などの生命や身体を保護するため緊急やむを得ない場合であって、切迫性・非代替性・一時性の３つの要件がすべて満たされていると判断された場合にのみ、身体拘束が認められることを示しています。

切迫性とは、生命や身体が危険にさらされる可能性が著しく高

いことです。非代替性とは、身体拘束を行う以外に代替する介護方法がないことです。一時性とは、身体拘束が一時的なものであることです。そして、３つの要件が満たされているかどうかの判断は、極めて慎重に実施される必要があります。

　身体拘束は、利用者に肉体的・精神的苦痛を与える行為です。したがって、上記３つの要件を満たしていない場合に行われた身体拘束には、違法性が肯定されることになります。逆に、身体拘束が３つの要件をすべて満たしている場合であれば、違法性が否定されることになります。そして、違法性が肯定される身体拘束を行った場合、それを行った職員や施設は、利用者やその家族から損害賠償や慰謝料を請求される可能性があります。

■ 床ずれとは

　床ずれとは、褥瘡とも呼ばれ、体重で圧迫されている場所の血液の循環が悪くなり、皮膚が発赤するなどの症状が生じてしまうことをいいます。症状が悪化すると、皮膚が壊死してしまう場合もあります。寝たきりの高齢者などに多く見られる症状で、臀部や腰部、背部、足部などにできやすいという特徴があります。

■ 徘徊・無断外出・失踪とは

　介護施設の利用者は、認知機能が低下していることがあり、施設側が適切な管理をしていないと、施設内外を徘徊したり、無断外出をしたりすることが珍しくありません。

　徘徊や無断外出には思わぬ危険が伴いますので、利用者が負傷する原因になってしまいます。また、比較的すぐに発見できればよいのですが、どんなに捜索しても見つからず、失踪してしまうという事態が生じることもあります。場合によっては、数か月以上経ってから遠方で亡くなっているのを発見されたというケース

もあります。徘徊・無断外出・失踪が原因となり、利用者が負傷・死亡する結果が生じた場合、職員や施設は、利用者やその家族から損害賠償や慰謝料などを請求される場合があります。

管理の不備に基づく事故と責任

介護施設には、利用者が安全・快適な生活ができるように施設の環境を整備し、これを管理する義務があります。しかし、施設管理上の不備が原因で介護事故の発生を招いてしまうこともあります。たとえば、脱衣室の床が濡れたままになっており、利用者が足を滑らせて転倒したケースでは、床を濡れたまま放置していた点に施設側の管理不備があったといえるでしょう。

また、認知症を患っている利用者が、薬品類を保管している部屋に立ち入り、異食してしまった（薬品類などを食べた）ケースでは、薬品類を保管している部屋の鍵をかけ忘れていた点に施設側の管理不備が認められるでしょう。その他にも、利用者が室内の固定されていない設置物に体重をかけて転倒した、室内に段差があったために利用者が足をつまずいて転倒した、無断外出チェックのためのセンサーの電源が切れていたために利用者が施設外に脱出したなど、施設側が十分な管理をしていた場合には防げたはずであるものの、その管理に不備があったために防げなかったという事故が数多く発生しています。

介護施設は、建物、設備、生活環境などについて、利用者の安全が確保されるように環境を整備し、これを管理する義務（安全配慮義務）があります。安全配慮義務違反があったと認められる場合には、施設管理上の責任が問われます。

12

認知症の兆候と介護の方法を知っておこう

本人の気持ちに寄り添うことが求められる

■ 認知症

「認知症」は脳や身体の障害によって、発達していた知能が慢性的に低下してしまった状態を指し、病名ではありません。老化に伴う物忘れや、機能を使わなかったために起きる医学用語でいう廃用性と言われる変化も含まれます。

認知症の診断は、記憶障害、失語、失行、失認、実行機能障害のいずれかの症状が見られないかを診断します。記憶障害とは記憶力の低下、および判断力や抽象的な事柄に関する思考力の低下が見られないかの診断です。失語は言語障害がないかどうか、失行・失認はそれぞれ、運動機能や感覚機能が損なわれていないにもかかわらず、ある動作を遂行できなかったり、対象を認識できなかったりしないかどうか、実行機能障害は、物事を計画的に行うことができているかの診断です。上記のいずれかの症状が認められ、認知症の原因にあたる、脳あるいは身体の病気や疾患が確認された場合は、認知症と診断されます。

■ 認知症に似た症状の場合もある

年をとってくると誰でも物忘れしやすくなりますが、本人の自覚がある場合（見当識障害がない場合）は認知症ではありません。

ただ、老齢期は、アルツハイマー型認知症もしくは血管性認知症による認知症が約8割を占め、前者のアルツハイマー型認知症の場合、最初は物忘れがひどくなるなど老化に伴う変化と見分けのつかない症状しか認められません。しかし、しだいに重要な約

束を忘れるようになったり、簡単な日常の作業ができなくなったり、最後には介護が必要な状態になるなど、段階を追って病状が進んでいきますので注意が必要です。認知症に似た症状として他には、老人に見られるうつ病（仮性認知症とも呼ばれる）があります。見極め方としては、うつ状態になる変化や変化が起きるきっかけがはっきりしている、短期間で変化が表れている、などの特徴が挙げられます。これらが認められれば、認知症ではないので、うつ病としての適切な治療を施す必要があります。

■ 認知症の患者の介護

　認知症が始まった高齢者の介護は精神的にとても大変なものです。徘徊する姿を見て困惑したり、言っていることがいつまでもちぐはぐで、腹が立ったりすることもあるかもしれません。しかし、ここで誤った対応をしてしまうと、認知症の症状をよけいに悪化させてしまうことにつながり、結果として、介護する側の負担をさらに重くしてしまうことがあります。また、その逆に、介護する側の対応の仕方次第によっては、認知症患者の病状を安定させ、日々の生活を穏やかなものにすることが可能になる場合もあります。だからこそ、介護をする側が、認知症という病気を正しく知り、その病状を理解して、高齢者に対して適切な態度で接していくことが、介護をする上で非常に重要な要素になるのです。

　たとえば、認知症患者が、記憶障害や見当識障害（現在自分が存在している場所や時間を正しく認識できなくなる障害のこと）、幻覚などによって、事実に反することを言い出すことはよくあることです。しかし、こうした発言があるたびに、無理やりにでも正しいことを認識させようと、否定や訂正を繰り返すことは、本人にとっても介護する側にとっても非常に苦痛で負担の大きい行為となります。時と場合によっては、あえて否定せずに、認知

症患者の発言に傾聴することも大切です。「あなたの話をしっかりと聞いていますよ」「あなたの気持ちをよくわかっていますよ」という対応をすれば、認知症の高齢者は安心し、不安な感情を和らげることができます。そして、本人の気持ちが安定することは、介護する側の労力を軽減することにもつながります。このように、ときには高齢者の気持ちになって、臨機応変に話を合わせてあげることも必要です。

　また、高齢者が不始末を起こした場合、叱ったり怒ったりして、相手の自尊心を傷つけるようなことはしないようにしましょう。認知症の高齢者は、ただでさえ、「今までできていたことができなくなってしまった」という受け入れがたい事実と直面しています。大きな無力感を抱いているところに、乱暴な物言いをしたり、きつく叱責したりすると、さらに自信をなくして落ち込んでしまい、かえって病状が悪化してしまうことが少なくありません。介護する側としては、同じ失敗を繰り返さなくてすむように一定の配慮をするなど、高齢者の生活に優しく手を差し伸べてあげることが大切になります。

　その他、本人ができることについては、なるべく手出しをせず、本人の自主性に任せるということも大切です。介護する側が必要以上に世話をやいてしまうと、本人がそのことに甘えてしまい、結果としてさらなる運動機能や認知機能の低下を招いてしまうこともあります。日々の生活へのやる気を失わせたり、本人の尊厳を傷つけてしまう場合もあります。ただし、当然ながら、本人にできることであれば何でもやらせてよいというわけではありません。本人の心身の状況と作業の負担の大きさを考慮して、ほどよい程度で行わせることが重要です。また、本人が作業を行っている際には、近くで様子を見守るなど、本人の安全に十分配慮する必要があります。

13 施設での虐待や事故について知っておこう

地域で問題に取り組む姿勢が大事

■ 高齢者虐待とはどのようなことなのか

　高齢者虐待とは、高齢者の人権を侵害したり、高齢者に不当な扱いをしたりする行為を意味します。厚生労働省の調査によると、令和4年度には1万7000件の養護者（世話をしている家族、親族など）による高齢者虐待の事件が発生しています。

　虐待というと、殴ったり蹴ったりする行為が思い浮かびますが、高齢者虐待はそのような暴力的行為だけではなく、広範囲に及ぶとされています。高齢者虐待防止法（高齢者虐待の防止、高齢者の養護者に対する支援等に関する法律）では、次ページの表中の行為が高齢者虐待にあたるとされています。高齢者虐待の加害者の多くは、高齢者の介護を行っている家族や身近な人物であり、特に高齢者が認知症などの自律性を欠く病気を患っている場合に虐待が起こる割合は高くなっています。

　また、高齢者虐待の背景には、加害者の介護疲れや肉体的・精神的ストレスが最も多く挙げられ、虐待を受けた高齢者本人だけでなく、加害者の方にも精神的な苦痛が伴っているのが高齢者虐待の特徴だといえます。

■ 高齢者虐待の防止への取り組みについて

　昨今では、職員が施設内で起こす高齢者虐待も問題視されています。職員が施設の利用者に対して虐待をすることは、決してあってはならないことです。しかし、残念なことに、職員による虐待の問題が発覚し、報道機関などによって大きく取り上げられ

213

るケースも実在しています。

　高齢者虐待の防止への取り組みについて、高齢者虐待防止法では、虐待の発見者に対する通報義務を定めています。また、虐待されている高齢者を一時的に保護するための施設入所措置も定めています。しかし、被害者である高齢者は外出することが少ないことが多く、虐待が発生しているという事実がなかなか外部に知られないことが、高齢者虐待の抱える問題のひとつです。

　そこで、第三者が高齢者虐待に対して早期に介入できるシステムとして、高齢者虐待防止法では、被害者の生命に危険が及んでいる場合または緊急を要する場合に、市区町村が家庭に立入調査を行うこと（部屋に立ち入って必要な調査や質問を行うこと）を認めています。立入調査については、老人ホームなど家庭以外の施設に対して行うことも可能です。

　高齢者虐待の原因の多くは、被害者である高齢者本人と加害者の間だけで解決できるものではなく、家庭全体に関わってくる深刻な問題となっています。被害者だけでなく、その世話をしている家族の負担が重くなり過ぎないようにするために、介護の相談や支援などのサポートを有効活用することが大切です。

● 高齢者虐待に該当する行為

行　為	内　容
身体的虐待	殴る、蹴るなどの物理的痛みを伴う行為のこと。その他、不適切な薬の投与や身体の拘束も含む
心理的虐待	暴言や無視など、高齢者に孤立感や精神的な苦痛を与える行為のこと
性的虐待	高齢者に対して合意なく性的接触を行う行為や性的な悪戯を行うこと
経済的虐待	無断での高齢者の資産の横どりや財産の無断使用行為のこと
ネグレクト	食事を与えない、介護や世話をせずに長時間放置する、必要な介護サービスを受けさせないといった行為

第7章

契約をめぐる法律問題と重要事項説明書の読み方

1 介護施設をめぐる法律問題をおさえておこう

不当な契約は取り消すことができる

■ 利用者に意思能力がなければ代理人が代わりに契約を結ぶ

　介護サービスを利用する場合は、原則として、介護サービスの利用者自身が、介護施設との間で直接契約を結ぶことになります。そして、一般に高齢である介護サービスの利用者が契約当事者であることから生じる問題が、意思能力をめぐる問題です。

　契約は当事者間の合意によって成立しますが、その前提として、当事者には自分の行為の結果を明確に認識し、それに基づいて自ら決定することができる能力（意思能力）が備わっていることが必要です。民法では、意思能力を欠く人による契約等の法律行為は無効であると定めていますから、意思能力の有無は、契約の成立に関する重要な問題です。

　意思能力の有無は画一・形式的に判断するのではなく、個々の契約ごとに個別・具体的に判断されますが、一般的な基準としては、重度の認知症や精神疾患のある人などには意思能力がありません。介護施設を利用する方は高齢者が多く、意思能力の有無が問題となることが少なくありませんので、意思能力がない状態で介護施設との契約を結んでしまうというケースがあり得ます。

　意思能力を欠く人が介護サービスを利用したい場合は、その親族などが代理人となって契約を結ぶことになります。利用者の代理人として契約を結ぶには、利用者本人から契約に関する委任を受ける（委任契約を結ぶ）必要があります。しかし、この委任を受ける際にも意思能力が必要であり、利用者本人に意思能力がない場合は委任契約を結んでも無効です。このような場合は、成年

後見制度（188ページ）に基づき選任された後見人等が利用者の代理人として契約を結ぶことになります。

■ 契約時には親族にも立ち会ってもらう

介護施設利用契約においては、利用者が契約時には意思能力を有していたものの、十分な判断能力が失われていたために、利用者が意図しない内容の契約を結んでしまったというようなトラブルが発生する可能性があります。このようなトラブルを回避するには、成年後見制度を活用し、利用者の代理人として後見人等（家庭裁判所が選任します）が事業者との間で契約を結ぶという方法があります。

また、成年後見制度を利用しなければならないほど、利用者が判断能力を失っているわけではなくても、事業者による説明を利用者が十分に理解せずに契約を締結してしまう可能性があります。そのため、契約時には親族等に立ち会ってもらうことが重要となります。契約締結の場に立ち会った親族等に、一緒に説明を聞いてもらうことなどによって、利用者が契約の内容を理解する助けになります。

事業者の側としても、後から「そんな説明は受けていない」と利用者が主張し、トラブルに発展するのを防ぐために、利用者の親族等に立ち会ってもらうことで、「言った」「言わない」というタイプのトラブルを防ぐことができます。

■ 契約内容が不当なものでないこと

株式会社など、さまざまな事業者が運営することができる有料型の介護施設の利用契約の内容は、入居希望者にとって必ずしもわかりやすく明快なものであるとは限りません。そのため、「入居希望者への情報提供が不十分であったため、入居希望者の意向

とは異なる内容の利用契約が締結された」「契約内容が途中から利用者の意向に関係なく変更された」「契約の解消方法などが利用者にとってわかりにくい」などの、契約をめぐるトラブルが生じやすいといえます。

その中でも、特に入居一時金をめぐるトラブルが多く発生しています。介護施設の利用契約に基づき、利用者から事業者に対して高額の入居一時金が支払われることがあります。しかも、入居一時金という名称に限らず、入居金・入園金・入会金・保証金など、さまざまな名称で徴収されています。金額もさまざまで、場合によっては数千万円に達するような非常に高額の支払いが利用者に求められています。

しかし、入居一時金の使途などは必ずしも明確でなく、介護施設の維持・管理の費用や人件費に使われていることが多いようです。そこで、たとえば、利用期間の途中で契約を解消したり死亡したりするなどの事情が発生した場合には、入居一時金の一部について利用者やその家族が返還してもらえるものと期待していたところ、事業者が一切の返還に応じないというタイプのトラブルも報告されています。

■ 不当な勧誘により締結された契約は取り消すことができる

事業者には、契約内容を利用者に理解してもらった上で、納得して契約を結んでもらうよう、利用者に対して契約内容に関する十分な説明を行うことが求められます。

契約を締結する際に、事業者側によって詐欺や強迫が行われ、それによって利用者が意図しない内容の契約を結んでしまった場合、民法上、利用者はその契約を取り消すことができると定められています。

しかし、取消しの要件を充たすこと（事業者による詐欺や強迫

があったことなど）については利用者側が証明しなければならないなど、契約を取り消すためには利用者側の負担が大きいといえます。

　そこで、消費者契約法は、事業者との間で契約を結ぶ消費者を保護するため、より緩やかな要件で契約の取消しを可能としています。これを消費者取消権といいます。

　たとえば、事業者が消費者である利用者に対して、契約の締結に際して重要事項につき事実と異なることを告げたり、不確実な事項につき断定的な判断を提供した場合、利用者には消費者取消権が認められます。また、利用者が事業者に勧誘場所からの退去を求めたのに事業者が退去せず、あるいは勧誘場所から帰りたいと言っているのに帰してもらえず、それらの結果として契約を結んだなど、利用者が困惑して契約を締結した場合も、利用者に消費者取消権が認められます。

　消費者契約法は、事業者の行為が民法の規定する詐欺・強迫に該当しない場合でも、より広く利用者に契約の取消権を認める点で、利用者保護に厚いといえます。しかし、消費者取消権の対象になる事業者の行為は限定されており、利用者保護が十分とまではいえません。

● 不利益事実の不告知（消費者取消権の対象例）

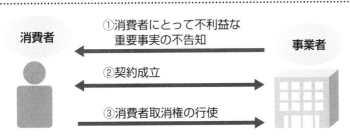

消費者　①消費者にとって不利益な　重要事実の不告知　事業者

②契約成立

③消費者取消権の行使

■ 契約内容の重要事項を契約前に説明する

　利用者にとって、介護施設利用契約の内容が明らかになっていることはきわめて重要です。特に、利用者は高齢であり、判断能力が減退していることも考えられるため、契約内容については、事業者からわかりやすく示される必要があります。

　そのため、事業者は介護施設利用契約に関する重要事項を記載した書面または電磁的記録（PDFデータなど）の作成が義務付けられています。この書面またはデータを「重要事項説明書」といいます。

　ここでいう重要事項とは、事業目的や運営方針、職員の職種・職務内容・配置人数、提供されるサービスの内容、利用料金や費用、営業日と営業時間、サービスの提供地域、緊急時や事故発生時の対応方法などです。

　特に利用者にとって関心がある重要事項は、①入浴、排せつまたは食事の介護、②食事の提供、③洗濯・掃除等の家事の供与、④健康管理の供与、⑤安否確認または状況把握サービスなどを、どのように実施しているのか（または実施していないのか）が挙げられます。

　また、事業者は、契約に先立って重要事項説明書（利用申込者の承諾があるときは電磁的記録でもよい）を利用申込者に交付した上で、記載内容を説明することが義務付けられています。重要事項説明書には、上記の①～⑤に加え、事業者と利用契約を締結するかどうかを判断するに際して重要な情報が記載されています。

たとえば、介護施設に関する情報としては、上記の①〜⑤の情報に加え、事業者（事業主体）の名称・所在地・代表者など、介護サービスを提供する施設の名称・所在地・連絡先など、職員の常勤・非常勤の区別、職員数と職種経験年数、資格者の有無などの情報が記載されます。利用申込者の視点からは、職員が常勤であるか否か、担当する職務に制限があるか否かなどは、外見からは判断できない施設側の事情ですから、わかりやすい記載を心がける必要があります。

また、介護サービスの内容やその利用料金についても、利用申込者がしっかりと確認できるように明示しておくことが必要です。特に利用料金についてはトラブルが多いので、金額と内訳、支払方式（全額前払い方式、月払い方式など）、キャンセル料などについて明示されているかを確認しましょう。解約や更新についてもわかりやすく明示しているのかどうか、チェックする必要があります。

■ 有料老人ホームの重要事項説明書

有料老人ホームへの入居を検討している高齢者などが施設を選ぶ際には、いくつかの候補を挙げてパンフレットを取り寄せ、こ

● 有料老人ホームの重要事項説明書の主な記載事項

① 有料老人ホームの事業主体（運営主体）
② 施設の概要
③ 従業員の人数や勤務形態、従業員の保有している資格
④ 提供されるサービスの内容
⑤ 利用料金や介護保険給付以外のサービスに要する費用

れを比較検討するのが通常です。しかし、パンフレットに掲載されている施設の居室の写真が気に入ったから契約を結んだのに、実際に入所してみたら写真とは全然違う居室であった、といったような苦情も頻繁に聞かれます。また、居室が個室だと思っていたのに、実際には共同部屋に仕切りをつけて区切っているだけの場合もあります。パンフレットの表現には十分注意する必要があるでしょう。

　有料老人ホームのパンフレットは、その構成上大まかなことしか記載されないのが通常です。重要事項説明書は、有料老人ホームに関する情報を正確かつ詳細に記載したもので、全国共通の様式で作成されています。様式は、各都道府県・政令指定都市・中核市によって多少の違いがありますので注意が必要です。主に、次のような項目を記載することになっています。

① **事業主体概要（事業者に関する事項）**

　事業主体の名称、代表者名、所在地、資本金、設立年月日、主な出資者、主要取引銀行などを記載します。

・事業主体概要

　事業主体の名称、代表者名、所在地、設立年月日、連絡先、主な実施事業など

・有料老人ホーム事業の概要

　施設の名称、所在地、連絡先、管理者名、施設類型、介護保険事業者番号、事業所の指定日など

・建物概要

　敷地面積、延床面積、耐火構造、所有関係、居室の状況など

② **職員体制（従業者に関する事項）**

　職種別従業者の人数（常勤換算後の人数を含む）、有資格者数、常勤換算後の人数、夜勤職員数、前年度1年間の採用数・退職者数など

・サービスの内容

　全体の方針、提供される介護サービス、生活支援サービス等の内容、医療連携、入居に関する要件、苦情窓口の設置状況など

・**入居者の状況**

　入居者の実数・定員・属性、要介護者数、前年度の退去者数など

・**利用料金（支払方法）**

　居住の権利形態、支払方式、前払金（入居一時金）、返還金の算定方法、初期償却率・償却期間、月額利用料、一時金返還金の保全措置、利用料金の代表的なプランなど

・**苦情・事故等に関する体制**

　苦情窓口の名称、電話番号、損害賠償責任保険の加入状況など

・**入居希望者への事前の情報開示**

　入居契約書・管理規程・事業収支計画書等の公開状況

入居者の健康状態などを確認する

　利用者に十分な判断能力があるかどうかは、外見上明らかでない場合が多いです。しかし、契約時に利用者が意思能力を失っていれば、契約自体が無効になります。事業者としては、利用者の言動におかしな点はないかなど、利用者の健康状態に十分注意し、重要事項説明や契約の手続きを進めていくことが必要です。

日頃からサービス内容を記録しておく

　介護施設利用契約をめぐるトラブルとして、利用者が「当初期待していたサービスを受けることができない」という内容の苦情等を主張する場合があります。このような苦情等が寄せられないようにするために、事業者としては、利用者に提供するサービスに関して細かく記録を残しておく必要があります。

3 重要事項説明書の読み方

ポイントを押さえながら読み、不明点は直接問い合わせてみる

■ 重要事項説明書を読むためのポイント

　重要事項説明書には、専門用語が多く使われており、分量も十数ページにわたっています。一見すると読むのが難しいように思われるかもしれませんが、消費者（入居者）にとってわかりやすい書面となるよう、様式の簡易化が図られています。また、作成に際しては、ガイドラインによって、極力平易な文章で記載することにもなっています。ポイントを押さえれば誰でも内容を掴むことができるようになっていますので、しっかりと目を通すように心がけましょう。

　なお、本書では、231ページ以下の厚生労働省の標準様式に沿って説明をしますが、実際の様式は、各都道府県・政令指定都市・中核市によって異なります。細かい形式部分については地域によって異なる部分可能性があることを踏まえつつ、以下の説明を参考にしてください。

■ 事業主体概要の見方

　事業主体概要で重要なのは、事業主体が個人であるか法人であるか、法人である場合、その種類が何であるのかという点です。個人であれば小規模な事業主、法人であればある程度の規模のある事業主であると推測することができます。また、法人が株式会社や有限会社などの営利目的の法人である場合は、高品質のサービスが受けられる代わりに料金が高額な設定になっている可能性があります。社会福祉法人やNPO法人などの営利目的でない法

人である場合には、料金が抑えられている代わりに、設備やサービスの品質は会社運営のホームより劣る可能性があります。

　また、主な実施事業を確認することもポイントになります。有料老人ホーム事業の他に事業を行っているのか否か、行っている場合はどういった事業であるのかを確認することで、その事業主体の目的や運営方針を捉えることができます。

■ 有料老人ホーム事業の概要の見方

　有料老人ホーム事業の概要では、ホームの類型（介護付き・住宅型・健康型）のどれにあたるのかを確認しましょう。介護付きの場合は、当該施設で特定施設入居者生活介護を提供しているのか、外部のサービスを利用することになるのか、という点が非常に重要になります。

　当該施設で特定施設入居者生活介護を提供している（特定施設の指定を受けている）場合には、介護保険事業者番号と指定した自治体名、指定日なども記載されていますので、必ず確認するようにしましょう。

■ 建物概要の見方

　建物概要でまずチェックすべきなのは居室の状況です。全室個室であるのか、相部屋もあるのかを確認しましょう。なお、夫婦などで同室に住む場合については「個室」という表記に含まれることが多いようですが、様式によっては異なる記載になっている可能性もありますので注意してください。居室は一般用と介護用で分けられている場合があります。それぞれの戸数や面積、トイレや浴室の有無などを確認し、自分がどのタイプの居室に入居することになるのかを確認しましょう。

　次に、共用施設については、共用便所や共用浴室、食堂などに

ついて、パンフレットに記載されているとおりの設備が整っているのかを確認しましょう。この欄に記載されている「入居者や家族が利用できる調理設備」は、居室内のものを指すのではなく、共用で利用することができるキッチンのことを指します。

　なお、多目的ルームやサークル室などについては、機能訓練などにも使用していたり、外部の人が使用することがあったり、使用する際に別途料金がかかるような場合もあります。こうした場合には、その旨が付記されることになっていますので、よく記載内容を確認するようにしましょう。

■ サービスの内容について

　サービスの内容の欄では、全体の方針、特定施設入居者生活介護等の提供を行っている場合には介護サービスの内容、医療連携の内容、入居後に居室の住み替えを行っている場合にはその内容、入居に関する要件などが記載されています。

　まず、全体の方針のうち「運営に関する方針」と「サービスの提供内容に関する特色」を読みましょう。ここには、入居者側にアピールしたいホーム側の特徴が記載されていますから、ホームの姿勢を捉えるための参考になります。次に、提供する各サービスについて、自ら実施しているか、外部に委託しているか、実施していないのかを確認しましょう。特定施設の場合は、提供する介護サービスの内容も確認するようにしましょう。

　医療連携の内容のうち、「医療支援」には、ホーム側の職員が対応することが記載されています。救急車の手配をしてもらえるか、入退院の付き添いをしてもらえるか、通院介助をしてもらえるか、などを確認しましょう。「協力医療機関」については、診療科目が重要になります。高齢者は、眼科や整形外科などの診療が必要になることが多いですから、こうした科目が含まれている

と安心です。持病のある人は、その病気に対応する科目が含まれてるかどうかを確認するようにしましょう。

　入居後に介護が必要になった場合、居室を住み替える必要があるかどうかも重要なポイントになります。ホームによっては、介護居室に住み替える必要があったり、他のホームに転居しなければならない場合もあります。住み替えが必要になった場合のホームの対応やその判断基準、手続きの進め方、追加的費用の有無などをよく確認するようにしましょう。

　入居に関する要件では、「事業主体から解約を求める場合」を読み込むことが必要です。具体的には、長期入院が必要になった場合や、他の入居者とトラブルが発生した場合、認知症のBPSDによる行動に問題がある場合などに、解約事由に該当し、退去を迫られる可能性があります。あいまいな記載がされていることも多いですから、ホーム側に具体例を提示してもらうなどして、事由をよく把握しておくようにしましょう。

■ 職員体制の見方

　職員体制の欄では、職員の職種や職務内容、人数等について、資格等により区分した職種別にその職務内容と常勤・非常勤別の人数が記載されています。

　職員数については、実人数と常勤換算人数が記載されています。常勤換算人数とは、非常勤職員の一週間の労働時間を常勤職員の労働時間で割り、常勤職員として換算すると何人分の労働力になるのかを計算したものをいいます。たとえば、非常勤である職員Aが、常勤職員の半分の時間労働しているという場合には、職員Aは0.5人として計算されることになります。常勤換算人数が多いほど、手厚いサービスを受けることができると考えることができますので、実人数に惑わされないようにしましょう。

また、外部委託の職員についてはその旨も記載されていますので、同時にチェックするようにしましょう。

　資格を有している職員の人数については、同じ人物が複数の資格を有している場合、重複して記載することが可能になっていますので、総人数と勘違いしないように気をつけましょう。

　夜勤を行う看護・介護職員の人数のうち、「最少時人数」には、もっとも手薄になる時間の職員数が記載されています。夜勤が1名の場合には、最少時人数は0名と記載されることになります。

　職員の状況のうち、前年度の採用者数と退職者数は、ホームの経営状態や職場環境の良さなどを推測する材料となりますから、この点も確認しておくようにしましょう。

■利用料金について

　利用料金の欄では、利用料金の支払方法、利用料金のプラン（代表的なプラン例）、利用料金の算定根拠、特定施設入居者生活介護等の提供を行っている場合には特定施設入居者生活介護に関する利用料金の算定根拠、前払金の受領などについて記載されています。

　まず、利用料金の支払方法を確認しましょう。居住の権利形態は、利用権方式、建物賃貸借方式、終身建物賃貸借方式のいずれかが設定されています。また、支払い方式には、全額前払い方式、一部前払い・一部月払い方式、月払い方式があり、これらを組み合わせる選択方式もあります。

　次に、利用料金の代表的なプラン例を確認します。自立者か要介護者か、居室が個室か相部屋か、などというように、場合分けされた代表的なプランが記載されていますので、自分が当てはまるプランを想定しながら、参考にするようにしましょう。入居時点で必要になる金額（前払い金や敷金）と、月額費用（家賃や

サービス費用）がありますので、それぞれの内訳と算定根拠を確認します。具体的な設定はホームによって違いますから、わからない部分は問い合わせるようにしましょう。ここに載っていない料金については、別途請求される可能性があります。

前払い金の受領については、償却年月数、初期償却額、初期償却率、返還金の算定方法を確認することが重要です。入居後すぐに退去することになってしまったとしても、これらの計算によって返還金が発生した場合には、前払い金の一部を取り戻すことができます。償却年月数とは、償却が行われる期間のことで、この月数を経過した後は原則として前払い金の返還を受けられなくなります。通常は、5年（60月）から10年（120月）程度の設定となっていることが多いようです。

また、初期償却額とは、入居すると同時に施設側が取る金額のことです。したがって、入居後すぐに退去したとしても、この金額分の返還は受けられないことになります。初期償却率は、10%から30%程度に設定されていることが多いようです。

📖 入居者の状況について

入居者の状況の欄では、入居者の人数、入居者の属性、前年度における退去者の状況などが記載されています。ここでは、入居者の性別や年齢、要介護度、入居期間などの記載によって、自分と似た状況の入居者がいるのかどうかを確認することができます。

特に確認したいのは、入居率と前年度の退去者数です。たとえば、設立して2年を過ぎても入居率が7割に満たないというホームは、経営状態が悪化している可能性があります。また、前年度の退去者が極端に多い場合、経営者の運営手腕や方針に問題があると思われますので、本当にそのホームに入居しても問題がないのか、よく調べてから検討するようにしましょう。

■苦情・事故等に関する体制について

　苦情等に関する体制として、相談窓口や担当責任者名、窓口の開設時間、相談の方法（電話、面談、文書、ＦＡＸ、インターネット等）が記載されていますので、何か問題があった場合に備えて確認しておきましょう。

　また、損害賠償責任保険等への加入の有無についても記載されていますので、必ず確認しましょう。サービスの提供を受けることに伴い、一定の事故が発生するリスクもあります。損害賠償責任保険へ加入している介護施設・有料老人ホームであれば、いざというときの治療費や入院費の支払いを受けることができます。加入している場合には、その保険契約の内容についての情報開示方法、またはその適用対象と補償範囲について記載されているはずですので、あわせて確認しましょう。

■入居希望者への事前の情報開示について

　入居希望者への事前の情報開示の欄には、契約書、管理規程、財務諸表などの書類について、入居希望者に事前に公開したり交付したりしているかが記載されています。ホーム側の情報開示に対する姿勢を確認することができます。

■別添について

　その他、別添として、当該ホームが提供するサービスの一覧表があり、受けられるサービスの一覧と料金の概要を一度に把握することができます。外部の協力機関が実施する場合や、ケアプランで回数に上限がある場合、自己負担になる場合、保険給付に上乗せされた介護費がかかる場合などには、備考欄にその旨が記載されていますので、それぞれ内容をよく確認するようにしましょう。

別紙様式

重要事項説明書

記入年月日	
記入者名	
所属・職名	

※ サービス付き高齢者向け住宅の登録を受けている有料老人ホームについては、「登録申請書の添付書類等の参考とする様式について（平成 23 年 10 月 7 日付け厚生労働省老健局高齢者支援課長・国土交通省住宅局安心居住推進課長事務連絡）」の別紙 4 の記載内容を合わせて記載して差し支えありません。その場合、以下の 1 から 3 まで及び 6 の内容については、別紙 4 の記載内容で説明されているものとみなし、欄自体を削除して差し支えありません。

1．事業主体概要

種類	個人／法人	
	※法人の場合、その種類	
名称	（ふりがな）	
主たる事務所の所在地	〒	
連絡先	電話番号	
	FAX番号	
	メールアドレス	
	ホームページアドレス	http://
代表者	氏名	
	職名	
設立年月日	年　　　月　　　日	
主な実施事業	※別添 1 （別に実施する介護サービス一覧表）	

1

2．有料老人ホーム事業の概要

（住まいの概要）

名称	（ふりがな）	
所在地	〒	
主な利用交通手段	最寄駅	駅
	交通手段と所要時間	例：①バス利用の場合 　　・○○バスで乗車○分、△△停留所で下車、徒歩○分　（○○○m） 　②自動車利用の場合 　　・乗車○分
連絡先	電話番号	
	FAX番号	
	メールアドレス	
	ホームページアドレス	http://
管理者	氏名	
	職名	
建物の竣工日		年　　　月　　　日
有料老人ホーム事業の開始日		年　　　月　　　日

（類型）【表示事項】

1　介護付（一般型特定施設入居者生活介護を提供する場合）		
2　介護付（外部サービス利用型特定施設入居者生活介護を提供する場合）		
3　住宅型		
4　健康型		
1又は2に該当する場合	介護保険事業者番号	
	指定した自治体名	県（市）
	事業所の指定日	年　　　月　　　日
	指定の更新日（直近）	年　　　月　　　日

2

3．建物概要

土地	敷地面積			㎡
	所有関係	1　事業者が自ら所有する土地		
		2　事業者が賃借する土地（　普通賃借　・　定期賃借　）		
		抵当権の有無	1　あり　　2　なし	
		契約期間	1　あり （　年　月　日～　年　月　日） 2　なし	
		契約の自動更新	1　あり　　2　なし	
建物	延床面積	全体		㎡
		うち、老人ホーム部分		㎡
	耐火構造	1　耐火建築物 2　準耐火建築物 3　その他（　　　　　　　　　）		
	構造	1　鉄筋コンクリート造 2　鉄骨造 3　木造 4　その他（　　　　　　　　　）		
	所有関係	1　事業者が自ら所有する建物		
		2　事業者が賃借する建物　（　普通賃借　・　定期賃借　）		
		抵当権の設定	1　あり　　2　なし	
		契約期間	1　あり （　年　月　日～　年　月　日） 2　なし	
		契約の自動更新	1　あり　　2　なし	

居室の状況		1　全室個室（縁故者居室を含む）
	居室区分 【表示事項】	2　相部屋あり

最少			人部屋
最大			人部屋

	トイレ	浴室	面積	戸数・室数	区分※
タイプ1	有／無	有／無	㎡		
タイプ2	有／無	有／無	㎡		
タイプ3	有／無	有／無	㎡		
タイプ4	有／無	有／無	㎡		
タイプ5	有／無	有／無	㎡		
タイプ6	有／無	有／無	㎡		

3

	タイプ7	有／無	有／無	㎡	
	タイプ8	有／無	有／無	㎡	
	タイプ9	有／無	有／無	㎡	
	タイプ10	有／無	有／無	㎡	

※「一般居室個室」「一般居室相部屋」「介護居室個室」「介護居室相部屋」「一時介護室」の別を記入。

共用施設	共用便所における便房	ヶ所	うち男女別の対応が可能な便房	ヶ所
			うち車椅子等の対応が可能な便房	ヶ所
	共用浴室	ヶ所	個室	ヶ所
			大浴場	ヶ所
	共用浴室における介護浴槽	ヶ所	チェアー浴	ヶ所
			リフト浴	ヶ所
			ストレッチャー浴	ヶ所
			その他（　　　　　　）	ヶ所
	食堂	1　あり　　　2　なし		
	入居者や家族が利用できる調理設備	1　あり　　　2　なし		
	エレベーター	1　あり（車椅子対応） 2　あり（ストレッチャー対応） 3　あり（上記1・2に該当しない） 4　なし		
消防用設備等	消火器	1　あり　　　2　なし		
	自動火災報知設備	1　あり　　　2　なし		
	火災通報設備	1　あり　　　2　なし		
	スプリンクラー	1　あり　　　2　なし		
	防火管理者	1　あり　　　2　なし		
	防災計画	1　あり　　　2　なし		
緊急通報装置等	居室 1　あり 2　一部あり 3　なし	便所 1　あり 2　一部あり 3　なし	浴室 1　あり 2　一部あり 3　なし	その他（　　　　　　） 1　あり 2　一部あり 3　なし
その他				

4

4．サービス等の内容
（全体の方針）

運営に関する方針	
サービスの提供内容に関する特色	
入浴、排せつ又は食事の介護	1　自ら実施　　2　委託　　3　なし
食事の提供	1　自ら実施　　2　委託　　3　なし
洗濯、掃除等の家事の供与	1　自ら実施　　2　委託　　3　なし
健康管理の供与	1　自ら実施　　2　委託　　3　なし
安否確認又は状況把握サービス	1　自ら実施　　2　委託　　3　なし
生活相談サービス	1　自ら実施　　2　委託　　3　なし

（介護サービスの内容）　　※特定施設入居者生活介護等の提供を行っていない場合は省略可能

特定施設入居者生活介護の加算の対象となるサービスの体制の有無	入居継続支援加算		1　あり　　2　なし
	生活機能向上連携加算		1　あり　　2　なし
	個別機能訓練加算		1　あり　　2　なし
	夜間看護体制加算		1　あり　　2　なし
	若年性認知症入居者受入加算		1　あり　　2　なし
	医療機関連携加算		1　あり　　2　なし
	口腔衛生管理体制加算		1　あり　　2　なし
	栄養スクリーニング加算		1　あり　　2　なし
	退院・退所時連携加算		1　あり　　2　なし
	看取り介護加算		1　あり　　2　なし
	認知症専門ケア加算	（Ⅰ）	1　あり　　2　なし
		（Ⅱ）	1　あり　　2　なし
	サービス提供体制強化加算	（Ⅰ）イ	1　あり　　2　なし
		（Ⅰ）ロ	1　あり　　2　なし
		（Ⅱ）	1　あり　　2　なし
		（Ⅲ）	1　あり　　2　なし
	介護職員処遇改善加算	（Ⅰ）	1　あり　　2　なし
		（Ⅱ）	1　あり　　2　なし
		（Ⅲ）	1　あり　　2　なし
		（Ⅳ）	1　あり　　2　なし
		（Ⅴ）	1　あり　　2　なし

5

	介護職員等 特定処遇改 善加算	（Ⅰ）	1　あり　2　なし
		（Ⅱ）	1　あり　2　なし
人員配置が手厚い介護サービス の実施の有無	1　あり	（介護・看護職員の配置率） 　　　　　　　　　：1	
	2　なし		

（医療連携の内容）

医療支援 　　　　　　※複数選択可		1　救急車の手配 2　入退院の付き添い 3　通院介助 4　その他（　　　　　　　　　　　）	
協力医療機関	1	名称	
		住所	
		診療科目	
		協力科目	
		協力内容	
	2	名称	
		住所	
		診療科目	
		協力科目	
		協力内容	
協力歯科医療機関		名称	
		住所	
		協力内容	

（入居後に居室を住み替える場合）※住み替えを行っていない場合は省略可能

入居後に居室を住み替える場合 　　　　　　　　※複数選択可	1　一時介護室へ移る場合 2　介護居室へ移る場合 3　その他（　　　　　　　　　）	
判断基準の内容		
手続きの内容		
追加的費用の有無	1　あり　　　2　なし	
居室利用権の取扱い		
前払金償却の調整の有無	1　あり　　　2　なし	
従前の居室との	面積の増減	1　あり　　　2　なし

6

236

仕様の変更	便所の変更	1　あり　　2　なし	
	浴室の変更	1　あり　　2　なし	
	洗面所の変更	1　あり　　2　なし	
	台所の変更	1　あり　　2　なし	
	その他の変更	1　あり	（変更内容）
		2　なし	

（入居に関する要件）

入居対象となる者 【表示事項】	自立している者	1　あり　　2　なし
	要支援の者	1　あり　　2　なし
	要介護の者	1　あり　　2　なし
留意事項		
契約解除の内容		
事業主体から解約を求める場合	解約条項	
	解約予告期間	ヶ月
入居者からの解約予告期間		ヶ月
体験入居の内容	1　あり（内容：　　　　　　　　） 2　なし	
入居定員		人
その他		

5．職員体制

※有料老人ホームの職員について記載すること（同一法人が運営する他の事業所の職員については記載する必要はありません）。

（職種別の職員数）

	職員数（実人数）			常勤換算人数 ※1※2
	合計			
		常勤	非常勤	
管理者				
生活相談員				
直接処遇職員				
介護職員				
看護職員				
機能訓練指導員				
計画作成担当者				
栄養士				

7

調理員				
事務員				
その他職員				
1週間のうち、常勤の従業者が勤務すべき時間数 ※2				

※1　常勤換算人数とは、当該事業所の従業者の勤務延時間数を当該事業所において常勤の従業者が勤務すべき時間数で除することにより、当該事業所の従業者の人数を常勤の従業者の人数に換算した人数をいう。

※2　特定施設入居者生活介護等を提供しない場合は、記入不要。

（資格を有している介護職員の人数）

	合計		
		常勤	非常勤
社会福祉士			
介護福祉士			
実務者研修の修了者			
初任者研修の修了者			
介護支援専門員			

（資格を有している機能訓練指導員の人数）

	合計		
		常勤	非常勤
看護師又は准看護師			
理学療法士			
作業療法士			
言語聴覚士			
柔道整復士			
あん摩マッサージ指圧師			
はり師			
きゅう師			

（夜勤を行う看護・介護職員の人数）

夜勤帯の設定時間（　　時～　　時）		
	平均人数	最少時人数（休憩者等を除く）
看護職員	人	人
介護職員	人	人

8

（特定施設入居者生活介護等の提供体制）

特定施設入居者生活介護の利用者に対する看護・介護職員の割合 （一般型特定施設以外の場合、本欄は省略可能）	契約上の職員配置比率※ 【表示事項】	a　1.5：1以上 b　2：1以上 c　2.5：1以上 d　3：1以上
	実際の配置比率 （記入日時点での利用者数：常勤換算職員数）	：1

※広告、パンフレット等における記載内容に合致するものを選択

外部サービス利用型特定施設である有料老人ホームの介護サービス提供体制（外部サービス利用型特定施設以外の場合、本欄は省略可能）	ホームの職員数	人
	訪問介護事業所の名称	
	訪問看護事業所の名称	
	通所介護事業所の名称	

（職員の状況）

管理者	他の職務との兼務		1　あり　　2　なし	
	業務に係る資格等	1　あり		
		資格等の名称		
	2　なし			

	看護職員		介護職員		生活相談員		機能訓練指導員		計画作成担当者	
	常勤	非常勤	常勤	非常勤	常勤	非常勤	常勤	非常勤	常勤	非常勤
前年度1年間の採用者数										
前年度1年間の退職者数										
業務に従事した経験年数に応じた職員の人数　1年未満										
1年以上3年未満										
3年以上5年未満										
5年以上10年未満										
10年以上										
従業者の健康診断の実施状況	1　あり　　2　なし									

9

6．利用料金

（利用料金の支払い方法）

居住の権利形態 【表示事項】	1 利用権方式 2 建物賃貸借方式 3 終身建物賃貸借方式		
利用料金の支払い方式 【表示事項】	1 全額前払い方式		
	2 一部前払い・一部月払い方式		
	3 月払い方式		
	4 選択方式 ※該当する方式を全て選択	1 全額前払い方式 2 一部前払い・一部月払い方式 3 月払い方式	
年齢に応じた金額設定	1 あり　　2 なし		
要介護状態に応じた金額設定	1 あり　　2 なし		
入院等による不在時における 利用料金（月払い）の取扱い	1 減額なし 2 日割り計算で減額 3 不在期間が　　日以上の場合に限り、日割り計算で減額		
利用料金 の改定	条件		
	手続き		

（利用料金のプラン【代表的なプランを2例】）

		プラン1	プラン2
入居者の状況	要介護度		
	年齢	歳	歳
居室の状況	床面積	m²	m²
	便所	1 有　　2 無	1 有　　2 無
	浴室	1 有　　2 無	1 有　　2 無
	台所	1 有　　2 無	1 有　　2 無
入居時点で 必要な費用	前払金	円	円
	敷金	円	円
月額費用の合計		円	円
サービス費用	家賃	円	円
	特定施設入居者生活介護[※1]の費用	円	円
介護保険外※	食費	円	円
	管理費	円	円
	介護費用	円	円
	光熱水費	円	円

		その他	円	円

※1　介護予防・地域密着型の場合を含む。

※2　有料老人ホーム事業として受領する費用（訪問介護などの介護保険サービスに関わる介護費用は、同一法人によって提供される介護サービスであっても、本欄には記入していない）

（利用料金の算定根拠）

費目	算定根拠
家賃	
敷金	家賃の　　ヶ月分
介護費用	※介護保険サービスの自己負担額は含まない。
管理費	
食費	
光熱水費	
利用者の個別的な選択によるサービス利用料	別添2
その他のサービス利用料	

（特定施設入居者生活介護に関する利用料金の算定根拠）※特定施設入居者生活介護等の提供を行っていない場合は省略可能

費目	算定根拠
特定施設入居者生活介護※に対する自己負担	
特定施設入居者生活介護※における人員配置が手厚い場合の介護サービス（上乗せサービス）	
※　介護予防・地域密着型の場合を含む。	

（前払金の受領）※前払金を受領していない場合は省略可能

算定根拠		
想定居住期間（償却年月数）		ヶ月
償却の開始日	入居日	
想定居住期間を超えて契約が継続する場合に備えて受領する額（初期償却額）		円
初期償却率		％
返還金の算定方法	入居後3月以内の契約終了	
	入居後3月を超えた契約終了	
前払金の	1　連帯保証を行う銀行等の名称	

11

保全先	2	信託契約を行う信託会社等の名称	
	3	保証保険を行う保険会社の名称	
	4	全国有料老人ホーム協会	
	5	その他（名称：	）

７．入居者の状況【冒頭に記した記入日現在】

（入居者の人数）

性別	男性	人
	女性	人
年齢別	65 歳未満	人
	65 歳以上 75 歳未満	人
	75 歳以上 85 歳未満	人
	85 歳以上	人
要介護度別	自立	人
	要支援 1	人
	要支援 2	人
	要介護 1	人
	要介護 2	人
	要介護 3	人
	要介護 4	人
	要介護 5	人
入居期間別	6 ヶ月未満	人
	6 ヶ月以上 1 年未満	人
	1 年以上 5 年未満	人
	5 年以上 10 年未満	人
	10 年以上 15 年未満	人
	15 年以上	人

（入居者の属性）

平均年齢	歳
入居者数の合計	人
入居率※	％

※ 入居者数の合計を入居定員数で除して得られた割合。一時的に不在となっている者も入居者に含む。

（前年度における退去者の状況）

退去先別の人数	自宅等	人
	社会福祉施設	人
	医療機関	人
	死亡	人
	その他	人
生前解約の状況	施設側の申し出	人
		（解約事由の例）
	入居者側の申し出	人
		（解約事由の例）

８．苦情・事故等に関する体制

（利用者からの苦情に対応する窓口等の状況） ※複数の窓口がある場合は欄を増やして記入すること。

窓口の名称		
電話番号		
対応している時間	平日	
	土曜	
	日曜・祝日	
定休日		

（サービスの提供により賠償すべき事故が発生したときの対応）

損害賠償責任保険の加入状況	1　あり	（その内容）
	2　なし	
介護サービスの提供により賠償すべき事故が発生したときの対応	1　あり	（その内容）
	2　なし	
事故対応及びその予防のための指針	1　あり　　　2　なし	

（利用者等の意見を把握する体制、第三者による評価の実施状況等）

利用者アンケート調査、意見箱等利用者の意見等を把握する取組の状況	1　あり	実施日	
		結果の開示	1　あり　　　2　なし
	2　なし		
第三者による評価の実施状	1　あり	実施日	

況		評価機関名称		
		結果の開示	1　あり	2　なし
	2　なし			

9．入居希望者への事前の情報開示

入居契約書の雛形	1　入居希望者に公開
	2　入居希望者に交付
	3　公開していない
管理規程	1　入居希望者に公開
	2　入居希望者に交付
	3　公開していない
事業収支計画書	1　入居希望者に公開
	2　入居希望者に交付
	3　公開していない
財務諸表の要旨	1　入居希望者に公開
	2　入居希望者に交付
	3　公開していない
財務諸表の原本	1　入居希望者に公開
	2　入居希望者に交付
	3　公開していない

10．その他

運営懇談会	1　あり	（開催頻度）年　　　回	
	2　なし		
		1　代替措置あり	（内容）
		2　代替措置なし	
提携ホームへの移行 【表示事項】	1　あり（提携ホーム名：　　　　　　） 2　なし		
有料老人ホーム設置時の老人福祉法第29条第1項に規定する届出	1　あり　　2　なし 3　サービス付き高齢者向け住宅の登録を行っているため、高齢者の居住の安定確保に関する法律第23条の規定により、届出が不要		
高齢者の居住の安定確保に関	1　あり　　2　なし		

する法律第5条第1項に規定するサービス付き高齢者向け住宅の登録	
有料老人ホーム設置運営指導指針「5.規模及び構造設備」に合致しない事項	1　あり　　　2　なし
合致しない事項がある場合の内容	
「6.既存建築物等の活用の場合等の特例」への適合性	1　適合している（代替措置） 2　適合している（将来の改善計画） 3　適合していない
有料老人ホーム設置運営指導指針の不適合事項	
不適合事項がある場合の内容	

添付書類：別添1（別に実施する介護サービス一覧表）
　　　　　別添2（個別選択による介護サービス一覧表）

※＿＿＿＿＿＿＿＿＿＿＿様

説明年月日　　　年　　月　　　日

説明者署名＿＿＿＿＿＿＿＿＿＿

※契約を前提として説明を行った場合は、説明を受けた者の署名を求める。

別添1　事業主体が当該都道府県、指定都市、中核市内で実施する他の介護サービス等

介護サービス等の種類			併設・隣接の状況	事業所の名称	所在地
＜居宅サービス＞					
訪問介護	あり	なし	併設・隣接		
訪問入浴介護	あり	なし	併設・隣接		
訪問看護	あり	なし	併設・隣接		
訪問リハビリテーション	あり	なし	併設・隣接		
居宅療養管理指導	あり	なし	併設・隣接		
通所介護	あり	なし	併設・隣接		
通所リハビリテーション	あり	なし	併設・隣接		
短期入所生活介護	あり	なし	併設・隣接		
短期入所療養介護	あり	なし	併設・隣接		
特定施設入居者生活介護	あり	なし	併設・隣接		
福祉用具貸与	あり	なし	併設・隣接		
特定福祉用具販売	あり	なし	併設・隣接		
＜地域密着型サービス＞					
定期巡回・随時対応型訪問介護看護	あり	なし	併設・隣接		
夜間対応型訪問介護	あり	なし	併設・隣接		
地域密着型通所介護	あり	なし	併設・隣接		
認知症対応型通所介護	あり	なし	併設・隣接		
小規模多機能型居宅介護	あり	なし	併設・隣接		
認知症対応型共同生活介護	あり	なし	併設・隣接		
地域密着型特定施設入居者生活介護	あり	なし	併設・隣接		
地域密着型介護老人福祉施設入所者生活介護	あり	なし	併設・隣接		
看護小規模多機能型居宅介護	あり	なし	併設・隣接		
居宅介護支援	あり	なし	併設・隣接		
＜居宅介護予防サービス＞					
介護予防訪問入浴介護	あり	なし	併設・隣接		
介護予防訪問看護	あり	なし	併設・隣接		
介護予防訪問リハビリテーション	あり	なし	併設・隣接		
介護予防居宅療養管理指導	あり	なし	併設・隣接		
介護予防通所リハビリテーション	あり	なし	併設・隣接		
介護予防短期入所生活介護	あり	なし	併設・隣接		
介護予防短期入所療養介護	あり	なし	併設・隣接		
介護予防特定施設入居者生活介護	あり	なし	併設・隣接		
介護予防福祉用具貸与	あり	なし	併設・隣接		
特定介護予防福祉用具販売	あり	なし	併設・隣接		
＜地域密着型介護予防サービス＞					
介護予防認知症対応型通所介護	あり	なし	併設・隣接		
介護予防小規模多機能型居宅介護	あり	なし	併設・隣接		
介護予防認知症対応型共同生活介護	あり	なし	併設・隣接		
介護予防支援	あり	なし	併設・隣接		
＜介護保険施設＞					
介護老人福祉施設	あり	なし	併設・隣接		
介護老人保健施設	あり	なし	併設・隣接		
介護療養型医療施設	あり	なし	併設・隣接		
介護医療院	あり	なし	併設・隣接		
＜介護予防・日常生活支援総合事業＞					
訪問型サービス	あり	なし	併設・隣接		
通所型サービス	あり	なし	併設・隣接		
その他の生活支援サービス	あり	なし	併設・隣接		

別添2

特定施設入居者生活介護（地域密着型・介護予防を含む）有料老人ホーム・サービス付き高齢者向け住宅が提供するサービスの一覧表

サービス		特定施設入居者生活介護として提供するサービス　護費（で定額化するサービス）（利用者一部負担あり）	個別の利用料金として提供するサービス（利用者が全額負担）			備考
			包含 ※2	都度 ※2	料金 ※3	
介護サービス	食事介助	なし	あり			
	排泄介助　おむつ交換	なし	あり			
	お尻つ代	なし	あり			
	入浴（一般浴）介助・清拭	なし	あり			
	特殊介助（移動・着替え等）	なし	あり			
	身辺介助	なし	あり			
	機能訓練	なし	あり			
	通院介助	なし	あり			※付添いができる範囲を明確にすること
生活サービス	居室清掃	なし	あり			
	リネン交換	なし	あり			
	日常の洗濯	なし	あり			
	居室配膳・下膳	なし	あり			
	入居者の嗜好に応じた特別な食事	なし	あり			
	おやつ	なし	あり			
	理美容師による理美容サービス		あり			※利用できる範囲を明確にすること
	買い物代行	なし	あり			
	役所等手続き代行	なし	あり			
	金銭・貴重品管理	なし	あり			
健康管理サービス	定期健康診断	なし	あり			※回数（年○回など）を明記すること
	健康相談	なし	あり			
	生活指導・栄養指導	なし	あり			
	服薬支援	なし	あり			
	生活リズムの記録（排便・睡眠等）	なし	あり			
入退院時・入院中のサービス	入退院時の同行	なし	あり			※付添いができる範囲を明確にすること
	入院中の洗濯物交換・買い物	なし	あり			※付添いができる範囲を明確にすること
	入院中の見舞い訪問	なし	あり			

※1　利用者の負担状況に応じて該当欄に○をつけ、介護サービス・生活サービス等の利用料に、サービス利用の都度必要になる場合はいずれかの欄を記入する。
※2　「あり」を記入した上で、個別の利用料に包含される場合と、サービス利用の都度払いになる場合に応じて、いずれかの欄を記入する。
※3　都度払いの場合、1回あたりの金額など、単位を明確にして記入する。

17

【監修者紹介】
若林　美佳（わかばやし　みか）
1976 年神奈川県生まれ。神奈川県行政書士会所属。平成 14 年行政書士登録。相武台行政書士事務所（平成 22 年 2 月に行政書士事務所わかばに名称を変更）を設立。病院勤務等の経験を生かし開業当初から、福祉業務に専念し、医療法人・社会福祉法人設立等法人設立を主要業務としている。また、福祉法務に関するエキスパートとして地域の介護支援専門員等との交流を深め、福祉ネットワークを組んでいる。介護保険分野では、多くの介護サービス事業所や特別養護老人ホーム設置等を手がけ、創業・運営についてコンサルティングも行っている。
監修書に、『介護保険【サービス・費用】と介護施設のしくみと手続き』『介護福祉サービス申請手続きと書式』『障害福祉サービスと申請手続きマニュアル』『図解 福祉の法律と手続きがわかる事典』『図解で早わかり 福祉サービスの法律と手続き』『障害者総合支援法と支援サービスのしくみと手続き』（小社刊）などがある。

行政書士事務所 わかば
http://www.mikachin.com/kaigoindex

すぐに役立つ
最新　これだけは知っておきたい！
介護保険施設・有料老人ホーム・高齢者向け住宅
選び方と法律問題

2024年 4 月20日　第 1 刷発行

監修者	若林美佳
発行者	前田俊秀
発行所	株式会社三修社
	〒150-0001　東京都渋谷区神宮前2-2-22
	TEL　03-3405-4511　FAX　03-3405-4522
	振替　00190-9-72758
	https://www.sanshusha.co.jp
印刷所	萩原印刷株式会社
製本所	牧製本印刷株式会社

©2024 M. Wakabayashi Printed in Japan
ISBN978-4-384-04938-1 C2032